LA VERDAD ES PRISMÁTICA
Y EL LOGOS TAMBIÉN

DANIEL MORENO

DANIEL MORENO

LA VERDAD ES PRISMÁTICA
Y EL LOGOS TAMBIÉN

La Verdad Es Prismática Y El Logos También

Primera edición: octubre 2025

D. R. 2025, Daniel Moreno

El *copyright* estimula la creatividad, defiende la diversidad en el ámbito de las ideas y el conocimiento, promueve la libre expresión y favorece una cultura viva. Gracias por comprar una edición autorizada de este libro y por respetar las leyes del derecho de autor y *copyright*.

Queda prohibida bajo las sanciones establecidas por las leyes escanear, reproducir total o parcialmente esta obra por cualquier medio o procedimiento, así como la distribución de ejemplares mediante alquiler o préstamo público sin previa autorización.

ÍNDICE

7. Prefacio
9. Introducción

Parte I: La verdad y el conocimiento humano
19. Sobre la diferencia entre el sabio y el necio en el ejercicio de la refutación y el contraargumento
25. Sobre la verdad prismática
29. Ejemplos históricos y filosóficos del carácter prismático de la verdad
37. Tratado geométrico sobre la verdad prismática y la pretensión de las "ciencias exactas"

Parte II: El Logos y la manifestación del Espíritu
49. Sobre la verdad prismática del Logos
55. Ejemplos culturales y religiosos del Logos
59. Sobre la condición simbólica del ser humano y la verdad prismática del fenómeno
65. Sobre el Logos encarnado como acceso a lo inaccesible
71. Sobre las manifestaciones encarnadas del Logos como símbolo
77. Sobre la unicidad histórica del Logos-Cristo
83. Sobre el Logos como fenómeno y su retorno a la esencia nouménica
89. Sobre la razón práctica como evidencia del espíritu del Logos en la humanidad

Parte III: Historia, transformación y liberación
97. Sobre la memoria histórica del Logos
103. Sobre la transformación interior como huella del Logos
109. Sobre el futuro del Logos en la humanidad
115. Sobre la liberación del Logos de los sistemas de precondicionamiento

Parte IV: Síntesis y aplicación
123. La verdad, el Logos y la razón práctica
129. Epílogo
133. Bibliografía comentada
137. Referencias

PREFACIO

La expresión *"la verdad es prismática"* nació en el seno de una amistad que, sin proponérselo, se convirtió en laboratorio de pensamiento. Surgió de largas conversaciones con Elena Hidalgo, una amiga de la infancia con quien compartí la costumbre —tan natural como necesaria— de pensar en voz alta, de interrogar las certezas heredadas y de no aceptar lo evidente como definitivo.

Nos conocimos en el contexto de la Iglesia Apostólica de la Fe en Cristo Jesús, un entorno profundamente estructurado por el dogma. Aquella formación temprana nos enseñó no solo lo que debíamos creer, sino también —sin quererlo— lo que era posible cuestionar. En el fondo, la religión nos dio el primer lenguaje para hablar de lo absoluto, pero también el primer límite frente al cual el pensamiento comenzó a rebelarse.

En medio de ese diálogo constante entre fe y razón, entre certeza y duda, Elena pronunció una frase que se volvió semilla: *"La verdad es prismática."* En aquel momento no sabíamos que esa intuición contenía una potencia filosófica tan amplia. Solo sabíamos que cada experiencia, cada postura, cada creencia parecía reflejar una cara distinta de algo mayor, indivisible y luminoso. La verdad no era múltiple por contradicción, sino por plenitud.

Años más tarde, al iniciar mi licenciatura en Filosofía, comprendí que aquella conclusión juvenil no era un simple destello intuitivo, sino una formulación coherente con los grandes sistemas del pensamiento. En Kant encontré el reconocimiento de los límites del conocimiento humano; en

Spinoza, la geometría de la unidad; en Hegel, la dialéctica del Espíritu; en Cassirer y Eliade, la función simbólica del entendimiento. Todos ellos, a su modo, confirmaban que la verdad no puede ser capturada desde un solo ángulo.

Fue entonces cuando decidí ordenar mis pensamientos, dar forma a aquella intuición original y fundamentar filosóficamente la noción de la verdad prismática. Pero pronto comprendí que esta idea exigía ir más allá: si la verdad es prismática, también lo es el *Logos* que la sostiene. Así, la reflexión derivó naturalmente hacia el misterio del Logos, su manifestación en la historia y su sentido metafísico.

Mi propósito con estos tratados no es simplemente elaborar una teoría, sino trazar un camino de comprensión: desde el saber fragmentario hacia la unidad espiritual, desde el fenómeno hacia la esencia. En este recorrido, el Logos aparece no como una doctrina religiosa, sino como la inteligencia viva del ser, la presencia que habita y sostiene toda manifestación de lo verdadero.

Este conjunto de escritos nace, por tanto, de una doble fidelidad: la fidelidad al pensamiento que busca comprender, y la fidelidad al Espíritu que se deja comprender. Si hay en estas páginas algo de verdad, será porque la luz que las inspira no es mía, sino reflejo de un mismo prisma que todos compartimos.

– Daniel Moreno
Tijuana, octubre 2025

INTRODUCCIÓN

Esta obra busca ofrecer un recorrido ordenado y reflexivo sobre la **verdad prismática** y el **Logos**, integrando filosofía, teología y ética. Su propósito no es presentar respuestas definitivas, sino invitar al lector a contemplar y dialogar con la complejidad de la experiencia humana y la manifestación del Espíritu en la historia, la cultura y la conciencia.

1. Estructura: un sistema progresivo. La secuencia de tratados está organizada para guiar al lector desde los fundamentos epistemológicos hasta la práctica ética y espiritual:

- **Tratados 1–4: Fundamentos epistemológicos y metafísicos.** Se introduce la noción de verdad prismática y se examinan los límites del conocimiento humano, mostrando cómo la multiplicidad de perspectivas puede enriquecer nuestra comprensión sin fragmentar la esencia de lo verdadero.
- **Tratados 5–9: Aplicación teológica y antropológica.** Se explora cómo el Logos se manifiesta en la historia, la cultura y la carne, y cómo los símbolos permiten acceder a una experiencia de lo divino. Aquí la verdad prismática se encarna, acercando el pensamiento abstracto a la vivencia concreta.
- **Tratados 10–12: Dimensión ética y espiritual.** Se reflexiona sobre la singularidad del Logos-Cristo, el retorno del fenómeno a su esencia y la razón práctica como guía de acción. La filosofía se enlaza con la moral y la espiritualidad.
- **Tratados 13–16: Fase histórica y liberadora.** Se analiza el Logos como memoria, transformación

interior y posibilidad de liberación del condicionamiento humano. La obra alcanza su momento de madurez: la verdad y el Logos se viven, no solo se estudian.
- **Tratado 17: Síntesis.** Recapitula los desarrollos anteriores, mostrando cómo verdad, Logos y razón práctica pueden converger en la acción ética y en la integración de perspectivas.

En conjunto, la obra avanza desde la teoría hacia la praxis, desde la reflexión abstracta hasta la experiencia concreta del Logos en la vida.

2. Contenido: diálogo entre razón y símbolo. El pensamiento desarrollado dialoga con la tradición filosófica y teológica:

- **Kant**, en los límites del conocimiento y la razón práctica[1].
- **Spinoza**, en la búsqueda de coherencia y unidad de la sustancia[2].
- **Hegel**, en la conciencia del Espíritu[3].
- **Cassirer y Eliade**, en el valor del símbolo[4].
- **Weil y Frankl**, en la dimensión ética y del sentido[5].

---

[1] Immanuel Kant, CRÍTICA DE LA RAZÓN PURA, trad. Pedro Ribas (Madrid: Alfaguara, 2003), A56/B80; CRÍTICA DE LA RAZÓN PRÁCTICA, trad. Roberto Rodríguez Aramayo (Madrid: Alianza, 2016).
[2] Baruch Spinoza, ÉTICA DEMOSTRADA SEGÚN EL ORDEN GEOMÉTRICO, trad. Vidal Peña (Madrid: Alianza, 2005), parte I, prop. XV.
[3] Georg W. F. Hegel, FENOMENOLOGÍA DEL ESPÍRITU, trad. Wenceslao Roces (México: FCE, 2006).
[4] Ernst Cassirer, FILOSOFÍA DE LAS FORMAS SIMBÓLICAS, trad. Ramón Rodríguez (México: FCE, 1998); Mircea Eliade, LO SAGRADO Y LO PROFANO, trad. Luis Gil (Madrid: Guadarrama, 1967).
[5] Simone Weil, LA GRAVEDAD Y LA GRACIA, trad. C. Martínez (Madrid: Trotta, 2007); Viktor E. Frankl, EL HOMBRE EN BUSCA DE SENTIDO (Barcelona: Herder, 2002).

- Agustín y Teilhard de Chardin, en la comprensión del Logos como energía evolutiva e interior[6].

El aporte central de la obra es la **verdad prismática**, que permite reconocer que lo uno y lo múltiple, lo absoluto y lo relativo, se manifiestan de manera complementaria en la experiencia humana. Esta perspectiva atraviesa todos los tratados y sostiene el diálogo entre filosofía, teología y ética práctica.

3. Alcance y propósito. La obra pretende:

- Ofrecer un marco de reflexión donde filosofía, teología y ética converjan sin pretender absolutizar ninguna perspectiva.
- Invitar a la **interrogación y el diálogo**, más que a la imposición de conclusiones.
- Mostrar cómo el Logos, liberado de condicionamientos ideológicos o culturales, puede ser comprendido y vivido como guía de la razón práctica y de la transformación interior.

En suma, el lector encontrará aquí un **recorrido conceptual y experiencial**, donde la verdad prismática y el Logos se muestran a través de múltiples perspectivas, ofreciendo caminos para pensar y vivir de manera más integral y consciente.

---

[6] San Agustín, CONFESIONES, trad. Ángel Custodio Vega (Madrid: BAC, 2001); Pierre Teilhard de Chardin, EL FENÓMENO HUMANO (Madrid: Taurus, 1965).

PARTE I

LA VERDAD Y EL CONOCIMIENTO HUMANO

Aristóteles afirmaba que solo una mente educada puede comprender un pensamiento diferente al suyo sin necesidad de aceptarlo[7]. Tal afirmación encierra el principio fundamental de la sabiduría: la libertad interior que permite escuchar sin someterse y pensar sin temer[8].

La mente educada no busca la victoria en la conversación, sino la expansión de su comprensión[9]. No necesita tener razón, porque ha descubierto que la verdad no es una posesión sino un proceso[10]. Quien comprende, no se aferra a su juicio; lo observa, lo examina, lo pone en relación con otros, sabiendo que toda idea adquiere sentido solo dentro de un contexto[11].

Lo inmediato, por el contrario, carece de contexto y, por tanto, de verdad[12]. Lo instantáneo alimenta la emoción, pero empobrece el entendimiento[13]. La verdad requiere tiempo, y el tiempo exige escucha[14]. Escuchar es un acto racional, no meramente sensible; implica suspender el propio impulso de respuesta para permitir que el otro se manifieste[15].

Saber escuchar une, no hacerlo fragmenta[16]. La sociedad no

---

[7] Cf. Aristóteles, ÉTICA A NICÓMACO, I, 4 (1095a): "Es propio del hombre instruido buscar precisión solo en la medida en que la admite la materia."
[8] Cf. Epicteto, MANUAL, §1: la libertad comienza cuando distinguimos lo que depende de nosotros de lo que no depende.
[9] Cf. Sócrates en GORGIAS, 458a: el diálogo no tiene por fin vencer, sino examinar lo justo.
[10] Cf. Hegel, FENOMENOLOGÍA DEL ESPÍRITU, Prefacio: "La verdad es el movimiento de sí misma dentro de sí misma."
[11] Cf. Gadamer, VERDAD Y MÉTODO, II, 2: toda comprensión es siempre comprensión de algo dentro de un horizonte histórico.
[12] Cf. Kierkegaard, MIGAJAS FILOSÓFICAS: lo inmediato es lo no mediado por la reflexión, y por ello carece de verdad estable.
[13] Cf. Nietzsche, HUMANO, DEMASIADO HUMANO, §1: la emoción inmediata es un velo para la comprensión profunda.
[14] Cf. Simone Weil, LA GRAVEDAD Y LA GRACIA: "La atención es la forma más pura de la generosidad."
[15] Cf. Levinas, TOTALIDAD E INFINITO: escuchar al otro es el primer acto ético del pensamiento.
[16] Cf. Martin Buber, YO Y TÚ: el diálogo funda la realidad relacional del ser.

es una suma de individuos, sino un cuerpo que se mantiene vivo por el intercambio de comprensión. Cuando cada parte pretende erigirse en totalidad, el cuerpo se disuelve[17]. Solo cuando reconocemos que la razón no nos pertenece en exclusividad, sino que circula entre nosotros, el tejido social se fortalece[18].

La mente inmadura se siente amenazada por lo distinto, porque identifica su identidad con su opinión. La madura, en cambio, entiende que el pensamiento es una relación, no un refugio[19]. No teme a la contradicción, pues sabe que la contradicción no destruye la razón, la perfecciona[20]. El desacuerdo es el movimiento natural del pensamiento cuando se aproxima a la verdad.

En tiempos en los que las opiniones se han convertido en trincheras, tolerar el pensamiento ajeno es un acto de grandeza. No porque todo pensamiento deba ser aceptado, sino porque toda palabra, incluso la errada, conserva un fragmento de humanidad que merece ser escuchado[21]. Voltaire escribió: "Puedo no estar de acuerdo con ninguna de tus palabras, pero defenderé hasta la muerte tu derecho de decirlas"[22]. Tal afirmación no defiende la arbitrariedad, sino la dignidad de la razón libre[23].

Allí donde el diálogo sustituye a la imposición, la humanidad

---

[17] Cf. Spinoza, TRATADO POLÍTICO, V, 4: la comunidad se destruye cuando cada parte busca su propio fin sin referencia al todo.
[18] Cf. Habermas, TEORÍA DE LA ACCIÓN COMUNICATIVA, I: la razón es intersubjetiva, no monológica.
[19] Cf. Heráclito, frag. 50 (Diels-Kranz): "Escuchando no a mí, sino al logos, conviene decir que todo es uno."
[20] Cf. Hegel, CIENCIA DE LA LÓGICA, I, cap. 2: la contradicción es el motor del desarrollo de la razón.
[21] Cf. Ricoeur, SÍ MISMO COMO OTRO: el reconocimiento del otro preserva la dignidad del diálogo.
[22] Cf. Voltaire (atrib.), cita recogida en Hall, S. G. Tallentyre, THE FRIENDS OF VOLTAIRE (1906).
[23] Cf. Kant, ¿QUÉ ES LA ILUSTRACIÓN?: la libertad de pensamiento es condición de la madurez de la humanidad.

avanza[24]. La mente estrecha necesita vencer para afirmarse; la mente sabia busca comprender para ser[25]. La primera teme perder autoridad; la segunda reconoce que solo quien aprende del otro puede acercarse a la verdad[26].

La educación del espíritu no consiste en acumular certezas, sino en conquistar la serenidad que permite convivir con lo incierto[27]. Escuchar sin reaccionar, entender sin poseer, pensar sin imponer: he ahí el signo de la madurez de la razón y, con ella, de la verdadera libertad[28].

---

[24] Cf. Habermas, ÉTICA DEL DISCURSO: el consenso racional sustituye a la imposición del poder.
[25] Cf. Platón, REPÚBLICA, VII, 518d: el sabio no busca vencer, sino ascender al conocimiento del bien.
[26] Cf. Ortega y Gasset, LA REBELIÓN DE LAS MASAS: "Solo quien se abre al otro puede superarse a sí mismo."
[27] Cf. Marco Aurelio, MEDITACIONES, IV, 3: la serenidad nace de aceptar lo incierto sin perder la razón.
[28] Cf. Kant, CRÍTICA DE LA RAZÓN PRÁCTICA, A45: la libertad práctica consiste en obrar por respeto a la ley interior, no por impulso.

SOBRE LA DIFERENCIA ENTRE EL SABIO Y EL NECIO EN EL EJERCICIO DE LA REFUTACIÓN Y EL CONTRAARGUMENTO

Prefacio. La presente reflexión se funda en una sentencia que, si bien breve, encierra una distinción profunda y trascendental para la vida del pensamiento: "El sabio refuta y contraargumenta para acercarse a la verdad, el necio para defender su verdad." [29]Este aforismo, que en apariencia pudiera parecer un consejo moral práctico, revela, a la mirada filosófica, una distinción esencial entre dos modos de situarse ante la verdad: el modo del sabio, que busca la verdad como algo común y universal, y el del necio, que convierte su propia opinión en ídolo y medida.

Definiciones:
1. **Refutación:** Acto por el cual un entendimiento prueba la insuficiencia o falsedad de una proposición, mediante razones que muestran su contradicción interna o su oposición a la experiencia.
2. **Contraargumento:** Exposición racional de una tesis contraria o alternativa, ofrecida en el marco de una disputa conceptual.
3. **Sabiduría:** Disposición de la razón práctica y teórica que busca la verdad como fin en sí, y no como medio para sostener el yo[30].
4. **Necedad:** Estado del entendimiento que absolutiza la propia representación, rechazando la posibilidad de su corrección por el diálogo o la experiencia[31].

---

[29] El aforismo empleado puede considerarse una variación moderna de la distinción clásica entre PHILOSOPHOS (amante de la verdad) y PHILODOXOS (amante de la opinión), presente ya en Platón.
[30] En el sentido aristotélico de SOPHÍA, como conocimiento de causas y principios.
[31] Similar a lo que Sócrates denuncia en los interlocutores que "creen saber", pese a no saber.

Axiomas
1. La verdad es independiente de la opinión individual, aunque esta última puede participar de ella parcialmente[32].
2. La razón, cuando opera rectamente, busca el conocimiento adecuado y común, no la confirmación de lo ya dado[33].
3. Todo ser humano está inclinado por naturaleza al amor propio y a la conservación de su opinión, pues ella se halla ligada al afecto de identidad.
4. El sabio, en cuanto sabio, procura ante todo someter su juicio a la prueba de la refutación, sabiendo que lo verdadero no se pierde con el examen, mientras que lo falso se disuelve.
5. El necio, en cuanto necio, confunde la permanencia de su opinión con la permanencia de su ser, y por ello combate todo contraargumento como si se tratase de una amenaza a su existencia.

Proposición I. El sabio refuta y contraargumenta para aproximarse a la verdad, porque concibe la verdad como universal y superior a su propio juicio.

Demostración. El sabio sabe que su entendimiento es finito y, por tanto, falible. Reconoce que la verdad no depende de su subjetividad, sino que ésta debe conformarse a aquella. De ahí que el sabio se alegre más en la corrección que en la confirmación de su juicio: en la corrección se acerca a lo real, en la confirmación corre el riesgo de permanecer en lo ilusorio. Por tanto, su acto de refutar no busca la victoria, sino la claridad.

---

[32] Principio concordante con la idea kantiana de una razón que busca universalidad.
[33] Tema tratado por Spinoza en la ÉTICA, III, sobre los afectos ligados al amor propio.

Proposición II. El necio refuta y contraargumenta para defender su propia verdad, porque concibe la verdad como posesión privada y no como universalidad común.

Demostración. El necio identifica su opinión con su identidad. De este modo, cuando alguien la cuestiona, lo siente como un ataque a sí mismo. No le interesa si su argumento se conforma con la razón o la evidencia, sino si sostiene la imagen que tiene de sí. Por ello, en el necio, el diálogo se convierte en combate, y la verdad se reduce a triunfo personal[34].

Proposición III. La diferencia esencial entre sabiduría y necedad en la disputa no radica en la agudeza de los argumentos, sino en la finalidad que se persigue al sostenerlos.

Demostración. Puede el necio poseer gran ingenio y retórica, y el sabio, gran modestia en su expresión. Pero mientras el primero busca vencer, el segundo busca esclarecer. La finalidad de la acción determina su cualidad moral e intelectual. Así, incluso un argumento erróneo del sabio puede ser más fructífero para el avance de la verdad que un argumento brillante del necio, pues el primero permanece abierto a la corrección, mientras que el segundo se encierra en sí mismo[35].

Corolario. De lo anterior se sigue que la verdadera grandeza en el pensar no se mide por la capacidad de derrotar adversarios, sino por la disposición de ser vencido por la verdad.

---

[34] Este fenómeno se relaciona con el sesgo de confirmación estudiado en psicología cognitiva.
[35] Véase la distinción clásica entre erística (disputa para vencer) y dialéctica (disputa para conocer)

Consideración crítica. El problema aquí no es meramente lógico, sino ético. La voluntad de someterse a la verdad implica un deber: el deber de la sinceridad intelectual. Kant diría que hay en ello una exigencia categórica: "Obra de tal modo que tu búsqueda de la verdad pueda valer como ley universal de la razón."[36] El necio, al anteponer su propia "verdad", viola este deber, pues convierte lo subjetivo en ley universal sin derecho.

Consideración ética y afectiva. Según Spinoza, toda pasión que liga el amor propio con la opinión engendra tristeza cuando se ve amenazada y odio contra quien la contradice. Pero el sabio, guiado por el amor intelectual a la verdad, experimenta gozo en el descubrimiento de su error, porque ello le eleva a una mayor perfección de pensamiento[37]. Así, la diferencia entre sabiduría y necedad no es solo cognitiva, sino afectiva: el sabio ama la verdad más que a sí mismo; el necio se ama a sí mismo más que a la verdad.

Conclusión. La sentencia inicial revela, pues, un principio de orientación para toda filosofía: el auténtico pensar no es un ejercicio de afirmación personal, sino de purificación de los juicios en el crisol del diálogo. La refutación y el contraargumento no son armas de guerra, sino instrumentos de comunión en la verdad. Quien se adiestra en este hábito deviene sabio; quien lo rehúye permanece en necedad.

---

[36] Parafraseo del espíritu del imperativo categórico en su dimensión epistémica.
[37] Spinoza, ÉTICA, parte V, sobre el AMOR DEI INTELLECTUALIS y el gozo ligado al conocimiento verdadero.

SOBRE LA VERDAD PRISMÁTICA

El concepto de la verdad como prisma constituye una metáfora sumamente fértil para la filosofía. Pues un prisma, siendo un único cuerpo, refleja múltiples caras, y cada una recibe y proyecta la luz de modo diferente. Así también la verdad: no es fragmentaria en sí misma, sino total, pero su manifestación a los seres finitos se da bajo diversas facetas[38].

I. El carácter prismático de la verdad. Cuando decimos que la verdad es prismática, afirmamos implícitamente dos cosas:

1. Que la verdad no se agota en una sola perspectiva subjetiva.
2. Que la multiplicidad de perspectivas no anula la unidad de la verdad, sino que la revela bajo diferentes condiciones[39].

Así, cada experiencia individual puede ser entendida como un ángulo desde el cual la luz de lo verdadero se refracta. Negar este principio sería negar la limitación de la condición humana, y por tanto, incurrir en arrogancia epistemológica[40].

II. La complementariedad de las perspectivas. La razón práctica del diálogo radica precisamente en que los ángulos del prisma no se contradicen necesariamente, sino que se complementan. Allí donde un sujeto percibe la verdad desde la arista de su experiencia vital, otro la percibe desde la suya. La tarea del sabio no es imponer su ángulo como absoluto,

---

[38] La metáfora del prisma se relaciona con la tradición fenomenológica, donde la verdad se comprende como aparición bajo múltiples modos.

[39] Distinción que recuerda a la dialéctica platónica entre LA IDEA como unidad y sus múltiples participaciones sensibles.

[40] Crítica implícita a la pretensión de certeza absoluta, combatida desde Montaigne hasta los racionalistas moderados.

sino integrar la pluralidad de ángulos en una visión más amplia y cercana a la totalidad[41].

Kant diría que esta disposición responde al *uso público de la razón*: aquel que no se repliega en el yo privado, sino que se expone al tribunal de todos[42]. Y Spinoza añadiría que esta integración de perspectivas produce *alegría racional*, porque amplía nuestra potencia de comprender, liberándonos de la tristeza que nace de los juicios estrechos[43].

III. La necedad como apego al yo. El necio, en cambio, confunde el ángulo con el prisma entero. Su experiencia se convierte en límite absoluto, y su razonamiento en dogma. Esta actitud no solo es un error intelectual, sino una falta moral: se rehúsa a reconocer la dignidad de la experiencia ajena como portadora de luz[44]. El necio convierte su propio entendimiento en ídolo, y toda refutación la interpreta como amenaza.

En realidad, esta cerrazón no defiende a la verdad, sino al ego. El necio cree salvaguardar lo verdadero, pero en el fondo solo protege la identidad construida en torno a su juicio. Y así, en lugar de crecer en sabiduría, se hunde en la esterilidad de la autosuficiencia[45].

IV. El sabio como custodio de la pluralidad unificada. El sabio, en contraste, es aquel que reconoce la limitación de su ángulo y lo ofrece como contribución, no como imposición. Se alegra de hallar en el otro un rostro nuevo de la verdad,

---

[41] Similar al ideal hegeliano de reconciliación de perspectivas en una totalidad orgánica.
[42] Referencia al célebre ensayo kantiano ¿QUÉ ES LA ILUSTRACIÓN?, donde se distingue el uso público y privado de la razón.
[43] Spinoza sostiene en la ÉTICA que comprender más aumenta la alegría, pues amplía la potencia de obrar.
[44] Esta actitud se aproxima a lo que Levinas llamaría "reducción del Otro al Mismo".
[45] Fenómeno cercano al sesgo narcisista de la cognición moderna estudiado en filosofía moral contemporánea.

pues entiende que el diálogo no lo empobrece, sino que lo enriquece[46].

El sabio, pues, no renuncia a su juicio —es imposible suspender la propia experiencia—, sino que lo sitúa en relación con los demás. Comprende que la verdad se despliega en el encuentro, no en la clausura. Y sabe que la síntesis de perspectivas no es simple suma, sino integración: un orden superior que la razón va configurando a través del tiempo[47].

V. Conclusión: el prisma como modelo de la razón práctica. Así, la metáfora del prisma nos enseña que la verdad es simultáneamente una y múltiple: una en su esencia, múltiple en su aparición. El sabio vive conforme a esta estructura: reconoce la unidad y busca las múltiples facetas. El necio, en cambio, pretende reducir la totalidad a una cara, y al hacerlo, pierde la transparencia de la luz[48].

De aquí se sigue un principio ético de convivencia racional: quien se abre a la diversidad de perspectivas no relativiza la verdad, sino que se aproxima más a ella. Pues el diálogo no fragmenta, sino que integra; no debilita, sino que robustece[49].

---

[46] Idea afín al "gozo socrático" por la refutación que permite acercarse más a la verdad.
[47] En línea con la noción hermenéutica de fusión de horizontes de Gadamer.
[48] Recordatorio de que la unicidad de la verdad no implica uniformidad de perspectivas
[49] Principio defendido en varias corrientes deliberativas modernas, desde Habermas hasta la ética del discurso.

EJEMPLOS HISTÓRICOS Y FILOSÓFICOS DEL CARÁCTER PRISMÁTICO DE LA VERDAD

I. El origen del universo. Las civilizaciones han narrado el inicio de la existencia desde perspectivas diversas.

1. En la Torá, el *Génesis* describe una creación en seis días, con un Dios que ordena el caos y da forma al mundo mediante la palabra[50].
2. Los *Vedas* de la India hablan de ciclos cósmicos infinitos, donde el universo es creado y destruido en ritmos eternos, como el latido de un Brahma que respira[51].
3. Los códices mayas y las cosmogonías mexicas refieren a deidades que sacrifican su propia sustancia para que el mundo exista, como en el mito del Quinto Sol[52].
4. El zoroastrismo presenta una visión dualista: el mundo surge en medio de una batalla entre el bien y el mal, luz y oscuridad[53].

A primera vista, parecen relatos contradictorios. Pero si se contemplan como caras del prisma, revelan una verdad más profunda: el origen del cosmos es misterio que rebasa una sola narración, y la diversidad de símbolos refleja la riqueza de la experiencia humana. El sabio entiende que cada cultura ilumina un ángulo, y que la verdad no es la anulación de uno por otro, sino el horizonte en el que todos se encuentran.

II. El diluvio universal. El relato de una gran inundación universal no solo aparece en la Biblia con la historia de Noé,

---

[50] Tradición judeocristiana del BERESHIT, siglo VI a.C.
[51] Ciclos cósmicos descritos en RIG VEDA y PURANAS.
[52] Cosmogonías del POPOL VUH, LEYENDA DE LOS SOLES, CÓDICE CHIMALPOPOCA.
[53] Doctrina de AHURA MAZDA y ANGRA MAINYU.

sino también en muchas culturas de todo el mundo, desde Mesopotamia hasta América. Más de 200 culturas registran una versión de este acontecimiento, lo que demuestra que la verdad, como principio, se refleja de manera prismática en múltiples símbolos y narrativas.

1. **Mesopotamia.**
   - *Epopeya de Gilgamesh* (s. XVIII a.C.): Utnapishtim es advertido por un dios del diluvio; construye un arca y sobrevive con su familia y animales. El arca se posa en el monte Nisir[54].
   - *Epopeya de Atrahasis*: Los dioses envían un diluvio debido al ruido y pecado de los hombres; Atrahasis construye un barco y se salva[55].
2. **India (tradición hindú).** *Matsya Purana*: Vishnú se manifiesta como pez y advierte a Manu del diluvio. Manu construye una gran barca y salva semillas y animales[56].
3. **Grecia.** Mito de Deucalión y Pirra: Zeus decide destruir a la humanidad. Deucalión y Pirra sobreviven en una barca y repueblan la tierra lanzando piedras que se convierten en hombres y mujeres[57].
4. **China.** Historia de Yu el Grande (Dinastía Xia, s. XXI a.C.): Yu organiza canales para drenar el agua y salvar a la civilización. En mitos más antiguos, Nüwa repara el cielo tras una catástrofe de aguas desbordadas[58].
5. **Culturas indígenas de América.**
   - *Aztecas*: En los *Cinco Soles*, el cuarto sol termina con un diluvio que convierte a los

---

[54] EPOPEYA DE GILGAMESH, tablilla XI.
[55] ATRAHASIS, tablillas I–III.
[56] MATSYA PURANA, libro I.
[57] Relato en BIBLIOTECA de Apolodoro.
[58] Tradición recogida en SHU JING y mitos posteriores.

hombres en peces[59].
- *Maya (Popol Vuh)*: Una generación de hombres de madera es destruida por agua y animales[60].
- *Incas*: Viracocha destruye a la humanidad con un diluvio y salva a dos personas en cuevas[61].
- *Pueblos nativos de Norteamérica*: Hopi, Lenape, Sioux, Ojibwa y otros registran grandes inundaciones, con héroes salvados en canoas o montañas[62].

6. **Mesopotamia y Oriente Medio (paralelos bíblicos).** *Génesis* 6–9: Noé construye un arca y se salva con su familia y animales. Las similitudes con *Gilgamesh* sugieren una tradición mesopotámica común[63].

7. **Oceanía.**
    - *Hawái y Polinesia*: Relatos de Nuʻu, un hombre que construye una gran canoa y sobrevive a un diluvio enviado por los dioses[64].
    - *Australia aborigen*: Historias de una inundación gigante provocada por espíritus ancestrales[65].

El diluvio universal muestra cómo un mismo principio (la purificación y regeneración de la humanidad) se refleja en múltiples culturas. Cada relato es un prisma: el fenómeno es uno, pero la interpretación, los símbolos y los detalles cambian según la sensibilidad, la historia y el contexto de cada pueblo.

1. Comunes a todos los relatos: advertencia al hombre justo, construcción de un refugio, salvación de familia

---

[59] LEYENDA DE LOS SOLES, tradición náhuatl.
[60] POPOL VUH, capítulo de los hombres de madera.
[61] Tradiciones recogidas por cronistas como Sarmiento de Gamboa.
[62] Compilaciones antropológicas del siglo XIX y XX.
[63] GÉNESIS 6–9; influencias mesopotámicas ampliamente estudiadas.
[64] Relatos polinesios tradicionales sobre Nuʻu.
[65] Mitos del DREAMTIME australiano.

y animales, repoblación de la tierra[66].
2. Interpretaciones: algunos investigadores lo ven como memoria colectiva de un gran evento natural (por ejemplo, el deshielo al final de la última glaciación), mientras otros lo consideran evidencia de un hecho real y global reinterpretado culturalmente[67].

Así, el Diluvio se convierte en una verdad desplegada prismáticamente, accesible solo a través de la multiplicidad de símbolos y narrativas humanas. Cada cultura capta un ángulo, y juntos estos relatos construyen un mosaico más cercano a una verdad total[68].

III. La relatividad del tiempo y el prisma científico-filosófico. En la ciencia moderna también vemos el carácter prismático de la verdad. Einstein revolucionó la física mostrando que el tiempo no es absoluto, sino relativo al movimiento y a la gravedad. El tiempo dejó de ser un fondo fijo y pasó a ser tejido dinámico del universo[69].

Jacob Grinberg, en la psicología transpersonal mexicana, habló del campo neuronal y de la interconexión de conciencias, sugiriendo que existen dimensiones donde la energía y la información viajan sin restricciones del espacio-tiempo clásico[70].

El diálogo entre ambos revela facetas distintas: Einstein desde la ciencia dura de la relatividad, Grinberg desde la fenomenología de la conciencia. Ambos, sin embargo, señalan la misma intuición: la realidad última no está regida

---

[66] Elementos transversales observados por comparativistas modernos.
[67] Teorías de deshielos publicadas por geólogos como Ryan y Pitman.
[68] Tesis central de la escuela de mitología comparada.
[69] Teoría de la relatividad especial (1905) y general (1915).
[70] Hipótesis del CAMPO NEURONAL en Grinberg-Zylberbaum.

de manera absoluta por el tiempo lineal[71].

A este respecto, Agustín de Hipona, en *Las Confesiones*, había anticipado ya una reflexión extraordinaria: el tiempo no es algo que exista por sí mismo, sino que solo lo conocemos en el alma, como memoria del pasado, atención al presente y expectativa del futuro. Mucho antes de Einstein, Agustín comprendió que el tiempo es inseparable de la experiencia del sujeto[72].

Más tarde, Kant afirmó que el tiempo (y el espacio) no son cosas en sí, sino formas de la sensibilidad humana: condiciones *a priori* de nuestra experiencia[73]. Así, el prisma se amplía: Agustín lo percibe espiritualmente, Kant lo explica trascendentalmente, Einstein lo formula matemáticamente, Grinberg lo indaga en la conciencia. Cuatro perspectivas distintas, un mismo núcleo: el tiempo y el espacio no son absolutos, sino relativos a estructuras más profundas.

IV. La individuación en Jung como prisma psicológico.
Carl Jung elaboró el concepto de *individuación*: el proceso en el que el ser humano integra sus fragmentos conscientes e inconscientes hasta acercarse a una totalidad de sí mismo[74]. El yo se transforma cuando reconoce las múltiples voces internas —el ánima, la sombra, los arquetipos— como facetas complementarias.

Lo que Jung describe en el individuo es reflejo de lo que sucede en la verdad universal: el yo es un prisma que no puede reducirse a una sola cara. Solo integrando las diversas perspectivas —racional, emocional, espiritual— se alcanza

---

[71] Convergencia entre física moderna y estudios de la conciencia.
[72] CONFESIONES, libro XI.
[73] CRÍTICA DE LA RAZÓN PURA, Estética Trascendental.
[74] Concepto central en AION y TIPOS PSICOLÓGICOS.

mayor plenitud[75].

Así, la psicología profunda coincide con la física y con la teología en un mismo principio: la verdad es múltiple en manifestación, pero una en esencia[76].

Síntesis: la verdad como integración de perspectivas. De los ejemplos anteriores podemos extraer un principio universal:

1. La religión expresa la verdad del origen desde el símbolo y el mito.
2. La ciencia expresa la verdad del cosmos desde la experimentación y la razón matemática.
3. La filosofía expresa la verdad desde la crítica del entendimiento y la universalidad de la experiencia.
4. La psicología expresa la verdad desde el interior de la conciencia individual.

Si cada una se toma como total, cae en necedad. Pero si se entienden como caras del prisma, se abre un horizonte de integración.

Conclusión. La verdad prismática no significa relativismo —como si todas las opiniones fueran igualmente válidas—, sino reconocimiento de que lo verdadero es demasiado vasto para agotarse en una sola perspectiva. El sabio integra, el necio excluye. El sabio se enriquece con la diversidad, el necio se empobrece en la clausura[77].

Por ello, la historia de la humanidad puede verse como el lento girar de un prisma que nos deja ver, a través de culturas,

---

[75] Estructura de la psique según la psicología analítica.
[76] Tesis de la unidad simbólica en Jung.
[77] Distinción ética entre integración y dogmatismo.

ciencias y pensamientos, la luz multiforme de una misma verdad[78].

---

[78] Imagen metafísica acorde con la hermenéutica de la verdad.

LA VERDAD ES PRISMÁTICA Y EL LOGOS TAMBIÉN

TRATADO GEOMÉTRICO SOBRE LA VERDAD PRISMÁTICA Y LA PRETENSIÓN DE LAS "CIENCIAS EXACTAS"

Prefacio. El presente tratado adopta el método geométrico para exponer, con claridad y rigor, una tesis que hoy mantiene una gran importancia epistemológica y cultural: la verdad es prismática y, por ello, resulta negligente pretender que exista una ciencia absolutamente exacta que agote la verdad. La matemática, la física y otras ciencias son indudablemente potentes instrumentos de conocimiento; sin embargo, operan sobre supuestos —axiomas y símbolos— cuya validez no es ontológicamente absoluta sino funcional y normativa.[79] En el espíritu combinatorio de Spinoza[80] y la crítica trascendental kantiana[81], propongo un desarrollo que muestre, paso a paso, cómo y por qué las llamadas ciencias exactas descansan sobre convenciones y estructuras simbólicas.

Definiciones:
1. **Verdad prismática.** Llamaremos verdad prismática a la verdad que, siendo una en su esencia, se manifiesta en múltiple apariencia debido a las condiciones finitas del conocimiento humano. Cada manifestación es una cara del prisma[82].
2. **Axioma / Supuesto básico.** Llamaremos axioma o supuesto básico a una proposición fundamental aceptada como punto de partida en una disciplina formal; su aceptación no deriva de una demostración previa dentro del sistema que la contiene[83].

---

[79] Sobre la distinción entre verdad ontológica y validez formal, véase Husserl y la tradición fenomenológica.
[80] En referencia directa a la ÉTICA MORE GEOMETRICO.
[81] Especialmente CRÍTICA DE LA RAZÓN PURA, Analítica trascendental.
[82] Relacionado con la noción neoplatónica de manifestación múltiple.
[83] Convención fundamental de todo sistema formal según Hilbert.

3. **Ciencia exacta.** Denominamos ciencia exacta a una práctica cognoscitiva que postula resultados universales y necesarios a partir de una estructura axiomática formalizada[84].
4. **Símbolo.** Entendemos por símbolo a cualquier signo, imagen, estructura formal o mito que permite representar, comunicar y operar con aspectos de la experiencia humana[85].
5. **Ser simbólico.** El ser humano es ser simbólico en cuanto conoce, piensa y se comunica mediante símbolos que mediatizan su relación con la realidad[86].

Axiomas:
1. Todo razonamiento humano presupone medios expresivos o simbólicos para formular y manipular sus contenidos[87].
2. Los axiomas de cualquier sistema formal —geométrico, aritmético o lógico— son condiciones internas que delimitan las consecuencias deducibles, pero no prueban la correspondencia última con una realidad metafísica independiente[88].
3. Las formas de la sensibilidad y de la comprensión humana (intuición del tiempo, del espacio, categorías de entendimiento) condicionan la manifestación de la verdad en la experiencia finita[89].
4. Distintas culturas y tradiciones simbólicas pueden ofrecer descripciones divergentes de una misma realidad subyacente; tales descripciones no se excluyen ipso facto cuando se entienden como manifestaciones

---

[84] La noción de exactitud normativa es desarrollada por la filosofía de la ciencia contemporánea.
[85] Véase Cassirer, FILOSOFÍA DE LAS FORMAS SIMBÓLICAS.
[86] Idea central del pensamiento antropológico-simbólico moderno.
[87] Premisa compatible con la lingüística estructural y la semiótica.
[88] Gödel demuestra límites internos de los sistemas formales.
[89] Kant: tiempo y espacio como intuiciones puras.

parciales[90].

Proposiciones:

Proposición I. Las matemáticas y las llamadas "ciencias exactas" no poseen absoluta ontológica; su certidumbre es normativa, dependiente de axiomas adoptados.

Demostración. Sea un sistema axiomático A (por ejemplo, la aritmética elemental). Dentro de A se definen términos y se deducen teoremas siguiendo reglas de inferencia. Pero la verdad de un teorema T en A depende de la aceptación de los axiomas de A. Si se cambia el conjunto de axiomas (se pasa, por ejemplo, de geometría euclidiana a geometría no euclidiana), algunas proposiciones previamente válidas dejan de serlo y otras surgen[91]. Por tanto, la certeza de T no proviene de una conexión necesaria con una "realidad en sí" sino de la coherencia interna de A y de la utilidad normativa de sus supuestos.

Corolario. Toda afirmación matemática es necesariamente relativa al marco axiomático en que se formula[92].

Escolio. Esto no menoscaba la eficacia de la matemática; reconoce su carácter formal y su extraordinaria capacidad para representar aspectos de la experiencia. Pero impide atribuirle un estatuto metafísico absoluto[93].

Proposición II. Sin símbolos no hay mundo humano cognoscible: la condición humana es simbólica y por ello el

---

[90] Una tesis presente en Eliade y en la hermenéutica simbólica.
[91] Ejemplo clásico: geometría de Riemann vs. Euclides.
[92] Independencia lógica del marco axiomático.
[93] Rechazo a la matematización absoluta del ser.

conocimiento es mediatizado.

Demostración. Por Axioma 1, el razonamiento humano opera mediante símbolos. El lenguaje, la cifra, el mito y la técnica no son meras ornamentaciones: constituyen los medios mediante los cuales se distingue, se nombra y se opera con la experiencia[94]. Si se privase al sujeto de símbolos, su poder de diferenciación y comunicación se colapsaría. Luego, el conocimiento humano no es conocimiento directo de "la cosa en sí", sino conocimiento a través de símbolos, y esa mediación condiciona la forma en que la verdad se revela[95].

Corolario. El significado de una proposición depende de la práctica simbólica que la produce y la sostiene[96].

Proposición III. El consenso social y las prácticas culturales configuran la validez operativa de los supuestos básicos (p. ej., 2+2=4).

Demostración. Consideremos la proposición aritmética básica P: "2 + 2 = 4". Su formulación opera en un lenguaje con signos que representan colecciones discretas y una convención sobre la notación y el procedimiento llamado 'suma'. La generalidad de P no es otra cosa que la estabilidad de esa convención social[97]; si en una comunidad se adoptara una notación o una operación distinta que cumpliera otras reglas, la expresión y la interpretación del cálculo cambiarían. Además, la utilidad de P surge de su referencia instrumental a contar y medir en contextos determinados. Por tanto, la verdad de P es eficacia normativa en el marco de nuestras

---

[94] Idea central de Leroi-Gourhan y la antropología del símbolo.
[95] Vínculo con la distinción kantiana entre fenómeno y noúmeno.
[96] Wittgenstein: significado es uso.
[97] Convencionalismo matemático de Poincaré.

prácticas simbólicas[98].

Corolario. La persistencia de una proposición matemática a lo largo del tiempo es consecuencia de la reproducción de prácticas educativas y comunicativas, no de una preexistencia metafísica[99].

Proposición IV. La pretensión de las ciencias exactas de ofrecer verdades absolutas es una confusión entre coherencia interna y correspondencia ontológica.

Demostración. En un sistema formal S, la coherencia interna (ausencia de contradicción) garantiza que las inferencias no conduzcan a contradicciones lógicas dentro de S. Sin embargo, la correspondencia ontológica —esto es, la afirmación de que los teoremas de S describen la estructura última del ser— requiere un puente adicional: una demostración que unívocamente relacione los símbolos de S con entidades independientes. Dicha demostración no puede ser entregada por S mediante sus propios axiomas, porque estaría incurriendo en circularidad[100]. Por tanto, la pretensión ontológica excede lo que S puede legítimamente asegurar.

Observación. Este argumento salva la legitimidad de la ciencia: la ciencia puede postular modelos predictivos y mecanismos eficaces; pero debe renunciar a la pretensión de certidumbre metafísica absoluta[101].

Proposición V. El reconocimiento de la verdad prismática favorece la pluralidad epistemológica y la humildad

---

[98] Afirmación respaldada por la filosofía pragmatista.
[99] Crítica al platonismo matemático.
[100] Deriva de la imposibilidad de fundamentación absoluta desde dentro del sistema.
[101] Tesis compartida por Popper, Kuhn y Feyerabend en distintas versiones.

intelectual[102].

Demostración. Si la verdad se manifiesta bajo caras múltiples por las condiciones finitas del conocedor (Definición 1), entonces ninguna perspectiva humana aislada agota la verdad. En consecuencia, la actitud racional correcta consiste en interrogar y confrontar perspectivas diversas para aproximarse a una visión más amplia. De aquí se sigue que el dogmatismo que proclama una única vía de conocimiento es epistemológicamente infundado.

Corolario. La interdisciplinariedad epistemológica no es moda sino necesidad metodológica para la aproximación a la verdad[103].

Proposición VI. La validez pragmática de los sistemas formales los hace indispensables, aunque no ontológicamente absolutos.

Demostración. Aun reconociendo su normatividad y convencionalidad, las matemáticas y ciencias formales permiten construir modelos predictivos, herramientas tecnológicas y lenguajes precisos que transforman nuestro mundo. La utilidad pragmática confirma su valor, pero este valor no se traduce en absolutos ontológicos: la eficacia no identifica a la verdad con la realidad en sí[104].

Sección kantiana: crítica trascendental y su diálogo con la geometría spinoziana

Kant. Las intuiciones puras (espacio y tiempo) y las categorías del entendimiento estructuran la experiencia y dan

---
[102] Coincide con la hermenéutica gadameriana.
[103] Principio básico de epistemología contemporánea.
[104] Relacionado con el instrumentalismo científico.

necesidad a los juicios matemáticos[105].

Crítica desde la verdad prismática. Que existan condiciones a priori no implica que las proposiciones derivadas sean absolutas; la pluralidad de geometrías demuestra la historicidad de nuestras formas de aprehensión[106].

Síntesis. El "a priori" kantiano se sostiene, pero se reconoce su carácter simbólico e histórico[107].

Consecuencias prácticas y éticas

1. La convención en las ciencias fomenta tolerancia epistemológica[108].
2. La educación debe enseñar los supuestos y límites de las ciencias[109].
3. La vida social requiere reconocer que nuestras instituciones son acuerdos simbólicos revisables[110].

Ejemplos ilustrativos (aplicación práctica):

- **2 + 2 = 4.** Ejemplo paradigmático: su validez se sostiene en un sistema de signos y operaciones convenidas; su universalidad empírica depende de su función práctica de contar y operar sobre colecciones discretas[111].
- **El color "amarillo".** Lo que llamamos "amarillo" es una categoría perceptiva y lingüística que agrupa

---

[105] CRÍTICA DE LA RAZÓN PURA, Estética trascendental.
[106] Basado en geometría no euclidiana y teorías contemporáneas.
[107] La síntesis se acerca a posiciones neokantianas y fenomenológicas.
[108] Ética del reconocimiento de la pluralidad.
[109] Fundamento de la pedagogía crítica.
[110] Toda institución es un acuerdo simbólico sostenido colectivamente.
[111] Caso paradigmático del convencionalismo.

ciertas longitudes de onda y experiencias sensoriales; su persistencia en una cultura es fruto de acuerdos semánticos y de condiciones fisiológicas compartidas[112].
- **Diferentes geometrías.** La aparición de geometrías alternativas muestra que la noción fundamentada en un axioma (p. ej., el quinto postulado de Euclides) no es necesaria a priori, sino seleccionada por su conveniencia para ciertas descripciones[113].

Conclusión. La verdad prismática nos enseña que distinguir entre la validez formal (coherencia interna) y la validez ontológica (correspondencia última con lo real) es imprescindible para una epistemología sobria. Las ciencias exactas son poderosas convenciones racionales; su exactitud es exactitud normativa y operacional, no garantía de acceso al ser en su última instancia. Reconocer este hecho no disminuye la ciencia, sino que la sitúa en su justo lugar: herramienta necesaria, limitada y renovable[114].

Proposición final (ética epistemológica). Quien reconoce la naturaleza prismática de la verdad actúa con humildad cognitiva y promueve el diálogo interdisciplinario; quien niega tal naturaleza cae en la necedad dogmática.

Demostración. Resulta de Proposición V y de la evidencia de la convención axiológica (Proposiciones I y III). La humildad epistemológica es la única actitud coherente con el reconocimiento de los límites constitutivos del conocimiento humano[115].

---

[112] Relación entre fisiología y semántica.
[113] De Euclides a Riemann y Lobachevski.
[114] Distinción clave entre representación y ser.
[115] La humildad epistemológica se deriva de reconocer límites y mediaciones.

Post scriptum (nota sobre método). El presente tratado adopta la forma geométrica para ofrecer claridad y trazabilidad en el razonamiento. No pretende agotar todas las objeciones posibles; sin embargo, ofrece un marco riguroso y fecundo para pensar la relación entre simbolización humana, ciencias formales y la verdad entendida como prisma[116].

---

[116] Método inspirado en Spinoza, pero orientado a una epistemología contemporánea.

LA VERDAD ES PRISMÁTICA Y EL LOGOS TAMBIÉN

PARTE II

EL LOGOS Y LA MANIFESTACIÓN DEL ESPÍRITU

LA VERDAD ES PRISMÁTICA Y EL LOGOS TAMBIÉN

SOBRE LA VERDAD PRISMÁTICA DEL LOGOS

Prefacio.
Si en el orden del ser hay multiplicidad y en el orden del pensamiento hay unidad, el *Logos* se presenta como el mediador universal que, sin anular la diferencia, funda la posibilidad de la convergencia. Así lo vio Heráclito en el fuego cambiante que, sin embargo, guarda un orden[117]; así lo expuso Platón en el discurso verdadero que asciende al mundo de las Ideas[118]; y así lo problematizó Kant al distinguir la razón pura de la razón práctica[119]. Aquí buscamos demostrar que el *Logos* es prismático: su esencia no se agota en un único plano, sino que revela múltiples caras según el ángulo de aproximación, como la verdad misma.

Definiciones:
1. Entiendo por **devenir**, según Heráclito, el flujo constante y perpetuo de todas las cosas; nada permanece igual, todo está en constante cambio[120].
2. Por **sensible / mundo sensible** entiendo, con Platón, todo aquello que podemos percibir con los sentidos: cambiante, imperfecto, y sujeto al tiempo y al devenir[121].
3. Por **inteligible / mundo inteligible** (el de las Ideas o Formas) entiendo, con Platón, el verdadero ser de las cosas: eterno, perfecto, inmutable, y solo accesible mediante el *Logos*[122].
4. Entiendo por **Logos** no solo la palabra, sino la razón

---

[117] Heráclito, FRAGMENTO 30: "Este cosmos... siempre fue, es y será fuego eternamente vivo".
[118] Platón, REPÚBLICA, Libro VII, especialmente la alegoría de la caverna.
[119] Kant, CRÍTICA DE LA RAZÓN PURA y CRÍTICA DE LA RAZÓN PRÁCTICA.
[120] Heráclito, FRAGMENTO 12: "En los mismos ríos entramos y no entramos".
[121] Platón, FEDÓN y REPÚBLICA, distinción entre mundo sensible e inteligible.
[122] Platón, FEDRO y REPÚBLICA, teoría de las Formas.

universal que ordena el devenir y que funda toda inteligibilidad[123].
5. Por **prismático** entiendo aquello que, siendo uno en su esencia, se manifiesta en múltiples dimensiones complementarias.
6. Por **razón pura** entiendo, con Kant, la facultad de conocer los principios *a priori* que estructuran la experiencia[124].
7. Por **razón práctica** entiendo la facultad que determina la voluntad conforme a leyes morales universales[125].
8. Entiendo por **discurso verdadero** (Platón) aquel *Logos* que no solo persuade, sino que conduce al alma desde lo sensible hacia lo inteligible[126].

Axiomas
1. Todo aquello que es inteligible lo es por el *Logos*.
2. La unidad de la razón se manifiesta siempre en la multiplicidad de sus usos.
3. Nada puede ser comprendido sin que el *Logos* sirva de mediador entre lo sensible y lo inteligible.

Proposiciones:

Proposición I. El *Logos*, según Heráclito, es simultáneamente oculto y universal, pues, aunque todo acontece conforme a él, el ser humano lo desconoce.

Demostración. El devenir del mundo se expresa en contrarios: fuego y agua, día y noche. Mas este conflicto no es caos, sino armonía invisible[127]. Por tanto, el *Logos* es el

---

[123] Heráclito, FRAGMENTO 1: referencia explícita al Logos como razón universal.
[124] Kant, CRÍTICA DE LA RAZÓN PURA, Introducción.
[125] Kant, FUNDAMENTACIÓN DE LA METAFÍSICA DE LAS COSTUMBRES.
[126] Platón, FEDRO, sobre el discurso que guía al alma.
[127] Heráclito, FRAGMENTO 54: "Armonía invisible es superior a la visible".

principio oculto que da unidad a lo múltiple.

Escolio. La verdad prismática se revela aquí: lo que parece discordancia es también concordancia. El *Logos* heraclíteo es como un prisma que refracta la luz en múltiples colores sin perder la unidad del rayo.

Proposición II. El *Logos*, según Platón, no es solo razón cósmica, sino también palabra que conduce al alma hacia la verdad.

Demostración. Platón distingue entre la mera opinión (*doxa*) y la ciencia (*episteme*). El discurso verdadero guía al alma mediante dialéctica hacia el mundo inteligible[128]. Por tanto, el *Logos* es mediador entre el orden cósmico y el orden del conocimiento.

Escolio. El *Logos* adquiere aquí carácter normativo: no solo describe lo real, sino que prescribe el camino hacia lo verdadero.

Proposición III. La razón pura y la razón práctica convergen en el *Logos* como totalidad prismática.

Demostración. Kant distingue el uso especulativo de la razón (que determina las condiciones de posibilidad de la experiencia) y el uso práctico (que determina la moralidad de la acción)[129]. Sin embargo, ambos usos remiten a una única facultad: la razón. Por tanto, el *Logos* se presenta como la unidad que, siendo una, se refracta en razón pura y práctica.

Escolio. Aquí se manifiesta con claridad la dimensión

---

[128] Platón, DIÁLOGOS SOCRÁTICOS y REPÚBLICA, método dialéctico.
[129] Kant, CRÍTICA DE LA RAZÓN PRÁCTICA, Distinción entre usos de la razón.

prismática: el *Logos* es uno, pero su luz se diversifica en el plano del conocimiento y en el plano de la acción.

Proposición IV. La verdad del *Logos* no puede ser absoluta en una sola de sus manifestaciones, sino en la convergencia de todas.

Demostración. Si el *Logos* se manifiesta como orden cósmico (Heráclito), como discurso dialéctico (Platón), y como razón pura y práctica (Kant), entonces ninguna de estas manifestaciones por sí sola agota su esencia. Solo en su interconexión se revela la verdad completa.

Corolario. El *Logos* es prismático: no se reduce a unívoco, sino que se multiplica en dimensiones que, sin contradicción, se complementan.

Proposición V. La sabiduría consiste en reconocer la prismática verdad del *Logos* y no en aferrarse a una sola de sus caras.

Demostración. El necio cree que su perspectiva agota la totalidad de lo verdadero[130], pero el sabio entiende que cada manifestación del *Logos* es parcial. Por tanto, la sabiduría es apertura al todo prismático de la razón.

Conexión final. La luz del *Logos*, como un rayo atravesando un prisma, se divide en múltiples haces: orden cósmico, discurso dialéctico, razón pura, razón práctica. Pero la multiplicidad no destruye la unidad: antes la revela. Así, la verdad del *Logos* no es unívoca ni arbitraria, sino prismática:

---

[130] Idea inspirada en múltiples fuentes: Platón (mito de la caverna), Spinoza (ÉTICA, sobre los prejuicios), y la tradición socrática.

una y múltiple, oculta y evidente, especulativa y moral.

EJEMPLOS CULTURALES Y RELIGIOSOS DEL LOGOS

Escolio a la Proposición I (Heráclito y el orden cósmico): El *Logos*, como fuego que regula el cambio, puede ser rastreado en las narraciones cosmogónicas de múltiples culturas:

- En los **Vedas** de la India, el principio de *ṛta* expresa el orden cósmico y moral que sostiene tanto a los dioses como a los hombres[131].
- En los **códices mayas y mexicas**, el tiempo se comprende como un ciclo armónico en el cual fuerzas contrarias se equilibran[132].
- En el **zoroastrismo**, el conflicto entre *Ahura Mazda* y *Angra Mainyu* es un modo de expresar que el orden de la luz se despliega en tensión con las tinieblas, más hacia un destino de armonía[133].
- En la **Torá**, el *Logos* aparece en la creación misma: "Dijo Dios: hágase la luz". La palabra es acto y fundamento del orden[134].

Todas estas manifestaciones culturales son refracciones del mismo rayo de luz: la intuición de que detrás del devenir existe una razón que lo estructura.

---

[131] ṚTA aparece en los himnos del RIGVEDA como el orden cósmico y moral que regula tanto lo divino como lo humano.
[132] Ver CÓDICE DRESDE, CÓDICE BORGIA y la concepción mesoamericana del TONALPOHUALLI.
[133] AVESTA, especialmente el YASNA, donde se describe la oposición entre luz y oscuridad como tensión estructurante.
[134] BERESHIT (Génesis 1:3): la creación mediante la palabra como acto organizador.

Ejemplos filosóficos y científicos:

Escolio a la Proposición II (Platón y el discurso verdadero):

La función mediadora del *Logos* se ve en las grandes empresas del pensamiento:

- **San Agustín**, en *Confesiones*, reflexiona sobre el tiempo como una distensión del alma: pasado, presente y futuro son dimensiones de la conciencia, no de un objeto externo[135]. Aquí el *Logos* ilumina la interioridad.
- **Kant**, siglos más tarde, explica que tiempo y espacio no son realidades en sí mismas, sino formas *a priori* de la sensibilidad[136]. La misma verdad, refractada en otra cara del prisma.
- **Einstein**, con la teoría de la relatividad, rompe con la noción clásica de tiempo absoluto: tiempo y espacio son relativos al observador[137]. Nuevamente, otra cara del mismo *Logos* temporal.
- **Jacobo Grinberg**, en sus investigaciones sobre la conciencia y la estructura del espacio-tiempo, intuyó que la información y la energía pueden trascender las leyes convencionales, sugiriendo un *Logos* aún más amplio, un tejido subyacente de interconexión[138].

---

[135] San Agustín, CONFESIONES, Libro XI, famoso análisis del tiempo como distensión del alma.
[136] Kant, CRÍTICA DE LA RAZÓN PURA, Estética trascendental.
[137] Einstein, Artículos de 1905 sobre la relatividad especial: el tiempo como magnitud dependiente del observador.
[138] Jacobo Grinberg, teoría del CAMPO SINTÉRGICO y estudios de neurofenomenología.

Cada uno no refuta al anterior, sino que lo complementa. El *Logos prismático del tiempo* se deja ver bajo ángulos distintos: interioridad (*Agustín*), trascendentalidad (*Kant*), relatividad física (*Einstein*), y conexión de conciencia (*Grinberg*).

Escolio a la Proposición III (Razón pura y práctica en el Logos): La psicología profunda de Carl Gustav Jung nos ofrece otro ángulo: la individuación como proceso por el cual la psique integra sus opuestos (consciente e inconsciente)[139]. Aquí el *Logos* se manifiesta como principio de integración interior, complementando lo que la razón pura y práctica buscan en el plano del conocimiento y la moralidad.

Conclusión. El *Logos* es, pues, un prisma universal:

- En la **mitología**, aparece como relato cosmogónico.
- En la **filosofía**, como principio de inteligibilidad.
- En la **ciencia**, como estructura matemática del cosmos.
- En la **interioridad**, como proceso de integración psíquica.
- En la **moral**, como ley práctica de la libertad.

Negarse a reconocer esta pluralidad sería caer en el dogmatismo del necio, que confunde su ángulo con la totalidad. En cambio, el sabio reconoce que toda perspectiva es necesaria, que toda cultura, ciencia y religión ha vislumbrado una faceta del *Logos*, y que la verdad se abre únicamente cuando aceptamos la refracción prismática de su luz.

---

[139] Jung, AION y TIPOS PSICOLÓGICOS, donde explica la individuación como integración de opuestos.

SOBRE LA CONDICIÓN SIMBÓLICA DEL SER HUMANO Y LA VERDAD PRISMÁTICA DEL FENÓMENO

Prefacio. El ser humano busca la verdad como totalidad, pero esta le permanece siempre refractada. Pues no puede acceder a la cosa en sí, sino solo al fenómeno, y el fenómeno se abre únicamente a través del símbolo. De aquí se sigue que la realidad para nosotros es y será siempre prismática, y que la naturaleza humana es esencialmente simbólica.

Definiciones:
1. Entiendo por **noúmeno / cosa en sí** aquella realidad que existe independientemente de toda experiencia humana, inaccesible a la intuición sensible[140].
2. Entiendo por **fenómeno** la realidad tal como aparece al sujeto bajo las condiciones de espacio, tiempo y categorías del entendimiento[141].
3. Entiendo por **símbolo** toda mediación sensible-espiritual que expresa un sentido más allá de sí misma, abriendo un horizonte de interpretación[142].
4. Por **ser simbólico** entiendo al ser humano en cuanto su acceso a la realidad está siempre mediado por símbolos, ya sean lingüísticos, míticos, matemáticos o artísticos[143].
5. Entiendo por **prismático** lo que, siendo uno en su origen, solo puede darse en la experiencia en

---

[140] Kant distingue el noúmeno como "cosa en sí" en CRÍTICA DE LA RAZÓN PURA, A249.
[141] Fenómeno en el sentido kantiano: CRÍTICA DE LA RAZÓN PURA, A20/B34.
[142] Paul Ricoeur, TEORÍA DE LA INTERPRETACIÓN, donde profundiza en el símbolo como excedente de sentido.
[143] Ernst Cassirer, FILOSOFÍA DE LAS FORMAS SIMBÓLICAS, Vol. I.

multiplicidad de facetas complementarias[144].

Axiomas:
1. La cosa en sí nunca puede ser objeto de experiencia[145].
2. Todo conocimiento humano está mediado por el fenómeno[146].
3. Todo fenómeno se presenta al hombre bajo la forma del símbolo[147].

Proposiciones:

Proposición I. No podemos conocer la cosa en sí, sino únicamente los fenómenos.

Demostración. Según Kant, el conocimiento depende de formas a priori (espacio y tiempo) y de las categorías del entendimiento. Estas condiciones pertenecen al sujeto y no a la cosa en sí. Por tanto, nunca accedemos a la realidad absoluta, sino solo a su manifestación fenoménica.

Proposición II. El fenómeno, en cuanto se presenta al ser humano, requiere del símbolo para ser comprendido.

Demostración. El fenómeno sensible se ofrece como multiplicidad caótica. Para ser comprendido, debe ser representado en un sistema de significados. El lenguaje, el mito, la matemática y la ciencia son símbolos que traducen lo sensible en inteligible[148]. Por tanto, sin símbolo no hay

---

[144] Esta noción remite a la metáfora neoplatónica de la unidad que se expresa en lo múltiple.
[145] Kant, CRÍTICA DE LA RAZÓN PURA, A30/B45: el noúmeno no puede ser objeto de experiencia posible.
[146] Idea desarrollada ampliamente en todas las epistemologías postkantianas.
[147] Mircea Eliade describe el símbolo como estructura de manifestación de lo real en LO SAGRADO Y LO PROFANO.
[148] Ver Cassirer: la ciencia y la matemática como lenguajes simbólicos de la realidad.

comprensión del fenómeno.

Escolio. El número "2" no es la realidad de dos cosas, sino el símbolo mediante el cual comprendemos la duplicidad. La cruz no es solo dos líneas, sino el símbolo de una totalidad de sentidos: sufrimiento, redención, encuentro[149].

Proposición III. El ser humano es esencialmente un ser simbólico.

Demostración. Si todo fenómeno requiere del símbolo para ser comprendido (por la Proposición II), y si el ser humano solo accede al fenómeno (por la Proposición I), entonces todo su acceso a la realidad es simbólico. De aquí se sigue que el ser humano no puede trascender su condición simbólica.

Escolio. Cassirer lo formuló diciendo: "El hombre es un animal simbólico"[150]. El lenguaje, el arte, la religión, la ciencia: todo son sistemas de símbolos que median entre el ser humano y el mundo.

Proposición IV. La verdad que aparece al ser humano es siempre prismática.

Demostración. La verdad de la cosa en sí es inaccesible. La verdad que se nos da es la de los fenómenos interpretados por símbolos. Pero los símbolos son múltiples y diversos según la cultura, el lenguaje y el horizonte histórico. Por tanto, la verdad se manifiesta como prismática: una luz única refractada en múltiples interpretaciones[151].

Corolario. Ninguna ciencia, mito o religión puede agotar la

---

[149] Análisis del símbolo cristiano en Romano Guardini, EL SEÑOR.
[150] Cassirer, ANTROPOLOGÍA FILOSÓFICA, cap. 2.
[151] Relación con la hermenéutica de Gadamer: toda verdad se da desde un horizonte interpretativo.

totalidad de la verdad. Cada una ofrece un ángulo, una cara del prisma.

Proposición V. La sabiduría consiste en reconocer la condición simbólica del ser humano y la naturaleza prismática de la verdad.

Demostración. El necio cree poseer la verdad absoluta en su propio símbolo. El sabio reconoce que todo símbolo es mediación parcial. Por tanto, el sabio no se aferra a unívocos, sino que dialoga en la multiplicidad de perspectivas[152].

Conclusión. La verdad para el ser humano no es unívoca ni transparente. Se nos da como fenómeno, y el fenómeno solo puede ser comprendido simbólicamente. Así, la realidad para nosotros será siempre prismática, nunca la cosa en sí, sino su refracción en símbolos múltiples. Esta condición no es una carencia, sino la posibilidad misma de la cultura, de la ciencia, de la religión. El símbolo es el cuerpo del fenómeno; y el fenómeno, el velo luminoso de la cosa en sí.

---

[152] Spinoza contra el dogmatismo: ÉTICA, Parte II, proposición 11, escolio.

SOBRE EL LOGOS ENCARNADO COMO ACCESO A LO INACCESIBLE

Definiciones:
1. Llamo **fenómeno** a toda manifestación de la realidad que aparece al sujeto a través de las formas de su sensibilidad y las categorías de su entendimiento.
2. Llamo **noúmeno / cosa en sí** a aquello que existe en sí mismo, independientemente de cómo lo percibamos, es la realidad que está más allá de los sentidos y que no puede ser conocida directamente por la experiencia, sino solo pensada por la razón[153].
3. Llamo **símbolo** a la mediación necesaria entre el sujeto y el fenómeno, en cuanto condensa en una forma sensible aquello que reenvía a un significado inagotable[154].
4. Llamo **Logos** a la racionalidad originaria que ordena el cosmos, principio de inteligibilidad universal y fundamento tanto de la razón pura como de la razón práctica[155].
5. Llamo **Logos encarnado** a la irrupción del Logos en el plano fenoménico-histórico bajo figura humana, de modo que lo inaccesible se hace accesible sin perder su carácter trascendente[156].

Axiomas:
1. Ningún ser humano puede acceder directamente a la cosa en sí, pues todo conocimiento está mediado por estructuras simbólicas[157].

---

[153] Cf. Immanuel Kant, CRÍTICA DE LA RAZÓN PURA, A30–A32/B45–B49.
[154] Cf. Paul Ricoeur, LA SIMBÓLICA DEL MAL, Introducción.
[155] Heráclito, Fragmento 1; Filón de Alejandría, DE OPIFICIO MUNDI; Prólogo del Evangelio de Juan.
[156] Máximo el Confesor, AMBIGUA, 5–7.
[157] Ernst Cassirer, FILOSOFÍA DE LAS FORMAS SIMBÓLICAS, vol. 1.

2. El símbolo es siempre relativo, finito y parcial, y sin embargo es la única vía de acceso al sentido[158].
3. La aspiración humana de alcanzar la verdad última requiere de una mediación que supere la finitud del símbolo sin anularlo.
4. Si el Logos es principio universal de inteligibilidad, entonces su auto-manifestación en forma fenoménica constituye la mediación suprema entre lo sensible y lo inteligible[159].

Proposiciones:

Proposición I. La condición simbólica del ser humano hace imposible un conocimiento inmediato de la esencia.

Demostración. El sujeto se relaciona con el mundo a través de categorías, conceptos, imágenes y lenguajes. Todo ello constituye una mediación simbólica. Lo que se presenta es siempre *como algo*, no la cosa en sí. Por tanto, el acceso inmediato a la esencia es imposible[160].

Proposición II. El símbolo, aunque relativo, puede intensificar la aproximación al ser en la medida en que encarne la mayor plenitud de sentido.

Demostración. Un símbolo no agota lo que significa, pero puede acercar más o menos a aquello que representa. La cruz, por ejemplo, concentra para el cristiano el misterio de redención de manera más plena que cualquier otro signo[161]. Así, la jerarquía de los símbolos mide la cercanía de lo

---

[158] Mircea Eliade, IMÁGENES Y SÍMBOLOS.
[159] Joseph Ratzinger, INTRODUCCIÓN AL CRISTIANISMO, capítulo I.
[160] Kant, CRÍTICA DE LA RAZÓN PURA, Estética trascendental.
[161] Hans Urs von Balthasar, LA GLORIA Y LA CRUZ, vol. I.

humano a lo nouménico.

Proposición III. El Logos, en tanto orden inteligible del cosmos, es ya el símbolo supremo, pues en él convergen todas las formas del pensamiento y la realidad.

Demostración. Si todo fenómeno es comprensible en la medida en que participa del orden racional, entonces el Logos es la condición universal de inteligibilidad[162]. Pero siendo el fundamento de todo símbolo, es también el símbolo absoluto de la razón en sí.

Proposición IV. La encarnación del Logos constituye la única vía posible para que lo nouménico se torne fenoménicamente accesible sin dejar de ser trascendente.

Demostración. Lo nouménico en sí mismo es inaccesible. Pero si se autocomunica bajo forma sensible, permanece nouménico en su esencia y fenoménico en su aparición[163]. Así el Logos encarnado es puente ontológico entre el ser inaccesible y el fenómeno.

Proposición V. El Logos encarnado es el fenómeno simbólico que más se aproxima a la cosa en sí.

Demostración. Todo símbolo humano es construcción cultural e histórica. Pero el Logos encarnado no surge de la imaginación del hombre sino de la irrupción misma del fundamento racional en la historia[164]. Por tanto, supera la condición relativa del símbolo y se convierte en el único símbolo que es simultáneamente signo y realidad de lo que

---

[162] Logos como estructura racional del cosmos: Heráclito, Fragmento 41; estoicismo temprano.
[163] Tomás de Aquino, SUMA TEOLÓGICA, III, q.2, a.6.
[164] Karl Rahner, CURSO FUNDAMENTAL SOBRE LA FE, cap. 3.

significa.

Corolarios:
1. El Logos encarnado revela lo inaccesible, no como objeto capturable por el intelecto finito, sino como presencia viva que transforma al sujeto en su racionalidad práctica y en su ser.
2. El fenómeno simbólico del Logos es necesario: sin él, la humanidad quedaría prisionera de los velos del símbolo humano; con él, se abre la única vía hacia el tránsito de lo sensible a lo inteligible.
3. El Logos encarnado se muestra como posibilidad trascendental de la comunión entre la razón pura (que busca la verdad) y la razón práctica (que ordena la vida moral) [165].

Escolio. El fenómeno del Logos encarnado no es un símbolo más entre otros. Es, en términos kantianos, el "símbolo del símbolo"[166], la forma en que lo incondicionado se hace condición de posibilidad del conocimiento y de la acción. En términos spinozianos, es la expresión concreta de la sustancia infinita bajo un modo finito, que sin embargo porta la infinitud[167]. La encarnación, en este sentido, es el punto de convergencia donde el ser humano, ser simbólico y finito, toca aquello que lo trasciende. No se trata de conocer exhaustivamente la cosa en sí, sino de participar de ella.

---

[165] Relación entre razón pura y práctica: Kant, CRÍTICA DE LA RAZÓN PRÁCTICA.
[166] Kant, CRÍTICA DEL JUICIO, §59.
[167] Spinoza, ÉTICA, parte I, proposición 25.

SOBRE LAS MANIFESTACIONES ENCARNADAS DEL LOGOS COMO SÍMBOLO

Definiciones:
1. Llamo **encarnación del Logos** a toda manifestación histórica, mítica o religiosa en la cual lo inteligible se reviste de lo sensible, y lo trascendente se hace carne en un símbolo viviente[168].
2. Llamo **símbolo encarnado** a aquella figura concreta (sea histórica, mítica o ritual) que condensa en sí la tensión entre lo accesible y lo inaccesible[169].
3. Llamo **manifestación universal** a la presencia de tales símbolos en diversas culturas, como testimonios plurales de la misma intuición originaria: que lo divino debe mostrarse en carne para ser comprendido[170].

Axiomas:
1. El ser humano, siendo simbólico, no puede captar lo divino sino a través de imágenes y encarnaciones[171].
2. Ninguna encarnación simbólica agota la plenitud del Logos, pero cada una expresa un aspecto de su carácter prismático[172].
3. La universalidad de las encarnaciones del Logos en distintas culturas prueba que la necesidad de la carne como símbolo es constitutiva de la conciencia humana[173].

---

[168] Cf. Mircea Eliade, LO SAGRADO Y LO PROFANO, cap. 3.
[169] Paul Tillich, TEOLOGÍA SISTEMÁTICA, vol. I.
[170] Joseph Campbell, EL HÉROE DE LAS MIL CARAS, introducción.
[171] Ernst Cassirer, FILOSOFÍA DE LAS FORMAS SIMBÓLICAS, vol. 2.
[172] Hans-Georg Gadamer, VERDAD Y MÉTODO, sección sobre el símbolo.
[173] Carl Gustav Jung, ARQUETIPOS E INCONSCIENTE COLECTIVO, cap. 1.

Proposiciones:

Proposición I. El Logos encarnado es un fenómeno recurrente en la historia de la humanidad bajo múltiples formas.

Demostración. Desde Krishna en la India como encarnación de Vishnu[174], hasta Quetzalcóatl como dios-hombre en Mesoamérica[175], desde Dionisio en Grecia como divinidad sufriente[176] hasta Cristo en la tradición judeo-cristiana[177], se constata un patrón: lo divino se reviste de carne y entra en la historia.

Proposición II. Estas encarnaciones simbólicas no son meros mitos locales, sino expresiones universales de la misma intuición trascendental: la inaccesibilidad del ser necesita mediación en carne.

Demostración. Lo mismo en Oriente que en Occidente, en tradiciones politeístas o monoteístas, la humanidad ha producido símbolos encarnados del Logos[178]. Dado que esta recurrencia no puede explicarse por azar, debe responder a una estructura universal de la conciencia humana.[179]

Proposición III. El Logos encarnado en cada cultura constituye un espejo prismático de la verdad.

Demostración. Así como la luz al pasar por un prisma se diversifica en colores, la verdad del Logos se manifiesta en

---

[174] BHAGAVATA PURANA, libros X–XI.
[175] Alfredo López Austin, QUETZALCÓATL Y LOS MITOS FUNDADORES DE MESOAMÉRICA.
[176] Walter Otto, DIONISO: MITO Y CULTO.
[177] Evangelio de Juan 1:14; Hebreos 1:3.
[178] Campbell, LAS MÁSCARAS DE DIOS, vol. I–IV.
[179] Mircea Eliade, HISTORIA DE LAS CREENCIAS Y DE LAS IDEAS RELIGIOSAS.

múltiples encarnaciones culturales[180]. Cada encarnación es parcial, finita, pero real. No hay contradicción esencial, sino diversidad simbólica de lo uno.

Proposición IV. La plenitud del Logos encarnado se alcanza cuando la encarnación no solo simboliza lo divino, sino que hace partícipe al ser humano de la vida misma del Logos.

Demostración. En las encarnaciones míticas, el ser humano contempla lo divino desde fuera. En la encarnación que se ofrece como comunión (ej. Cristo, "Yo soy el pan de vida"), lo humano no solo observa, sino que participa del Logos[181]. Esa participación constituye la forma suprema de la encarnación simbólica.

Corolarios:
1. Las figuras de Krishna, Dionisio, Quetzalcóatl, Buda y Cristo son diferentes modulaciones del mismo Logos que se manifiesta a los hombres bajo forma accesible[182].
2. La diferencia entre estas manifestaciones no radica en su verdad esencial, sino en la medida en que abren mayor o menor acceso a la unión con el Logos mismo[183].
3. El Logos encarnado no elimina el carácter simbólico de toda mediación, pero lo radicaliza hasta hacerlo vivencia concreta: carne que habla, sufre, muere y se transforma[184].

Escolio. Las manifestaciones encarnadas del Logos son la

---

[180] Metáfora prismática del Logos: Heráclito, Fragmento 50; Clemente de Alejandría, STROMATA.
[181] Cf. Ignacio de Antioquía, CARTA A LOS EFESIOS, 20.
[182] Comparación transversal en: Raimon Panikkar, EL CRISTO DESCONOCIDO DEL HINDUISMO.
[183] Gustav Mensching, HISTORIA DE LAS RELIGIONES, cap. 5.
[184] Hans Urs von Balthasar, TEODRAMÁTICA, vol. II.

expresión más alta del simbolismo humano. No son solo metáforas, sino presencias vivas que conjugan historia y mito, carne y eternidad.

- En India, **Krishna** aparece como la encarnación amorosa de Vishnu, que enseña en la *Bhagavad Gita* el orden cósmico y el camino del deber[185].
- En Grecia, **Dionisio** es dios encarnado que sufre y renace, reflejando el ciclo de la vida y la muerte[186].
- En Mesoamérica, **Quetzalcóatl** aparece como dios civilizador en forma humana, portador de sabiduría[187].
- En el budismo, el **Buda** es el hombre que encarna la iluminación, volviendo tangible lo inaccesible de la liberación[188].
- En el cristianismo, **Cristo** es la encarnación plena del Logos: no solo símbolo, sino realidad del Logos mismo[189], haciendo posible la unión entre lo sensible y lo inteligible.

Así, el Logos encarnado se nos presenta como símbolo universal: el testimonio de que lo incomprensible solo puede revelarse en carne, en la finitud del fenómeno, sin por ello perder su infinitud.

---

[185] BHAGAVAD GITA, capítulos 10–11.
[186] Otto, DIONISO, cap. 4.
[187] Miguel León-Portilla, QUETZALCÓATL: SÍMBOLO UNIVERSAL.
[188] DHAMMAPADA, prólogo; LALITAVISTARA SUTRA.
[189] Concilio de Calcedonia (451), definición cristológica.

SOBRE LA UNICIDAD HISTÓRICA DEL LOGOS-CRISTO

Definiciones:
1. Llamo **Logos encarnado** a toda manifestación simbólica en la cual lo divino o inteligible se reviste de carne para hacerse accesible al ser humano.
2. Llamo **singularidad histórica del Logos** a la irrupción de un Logos que, además de encarnarse, habita un periodo prolongado de la vida humana ordinaria, siendo testigo directo de los procesos sociales, políticos y culturales de su tiempo.
3. Llamo **institucionalización del Logos** al proceso mediante el cual una encarnación es asumida, difundida y perpetuada por estructuras de poder político y religioso.

Axiomas:
1. El ser humano recuerda más vivamente los acontecimientos que se prolongan en el tiempo que aquellos que suceden en instantes efímeros.
2. La historia universal se configura no solo por el hecho mismo, sino también por el uso y apropiación de ese hecho por las instituciones humanas.
3. La encarnación del Logos, para ser universalmente relevante, requiere no solo acontecer, sino también ser narrada, repetida y transmitida.

Proposiciones:

Proposición I. El Logos-Cristo constituye la manifestación encarnada de mayor duración temporal registrada.

Demostración. Mientras otros *logoi* encarnados —Krishna, Dionisio, Quetzalcóatl— aparecen en relatos míticos cuya temporalidad se pierde en la bruma de la leyenda, el Logos-Cristo habita durante treinta y tres años en un periodo histórico verificable, compartiendo la condición ordinaria del ser humano: nacer, crecer, enseñar, sufrir y morir. Esta extensión temporal no es simbólica sino concreta, y confiere a su encarnación un carácter irrepetible[190].

Proposición II. La permanencia de Cristo como Logos encarnado permitió un contacto humano más pleno que en otras encarnaciones simbólicas.

Demostración. Al convivir diariamente con discípulos, adversarios, gobernantes, familias y pueblos, el Logos-Cristo se manifestó no solo en actos milagrosos o revelaciones excepcionales, sino en la cotidianidad. Esto hizo que su figura fuera experimentada no como mito lejano, sino como presencia histórica inmediata[191].

Proposición III. El uso político-religioso de la historia de Cristo aseguró su centralidad en la memoria universal.

Demostración. El Imperio romano, al adoptar el cristianismo, convirtió el relato del Logos-Cristo en doctrina oficial, y la Iglesia lo consolidó como centro simbólico del orden social. De esta manera, lo que inicialmente fue testimonio local se transformó en narrativa universal. Ninguna otra encarnación de Logos alcanzó semejante grado de institucionalización[192].

---

[190] En contraste, la cronología de figuras como Krishna, Dionisio o Quetzalcóatl pertenece a ciclos míticos sin datación histórica precisa.
[191] Los evangelios sinópticos describen extensamente el trato cotidiano de Jesús con múltiples grupos humanos.
[192] El Edicto de Tesalónica (380 d.C.) convirtió el cristianismo niceno en religión oficial del Imperio romano.

Proposición IV. La universalidad histórica del Logos-Cristo no radica únicamente en su verdad simbólica, sino en la conjunción irrepetible de manifestación prolongada e institucionalización política.

Demostración. Sin la prolongada duración histórica de la vida de Cristo, su figura habría sido un mito más. Sin la apropiación política, su memoria habría quedado en un pueblo reducido[193]. La combinación de ambas dimensiones explica por qué el Logos-Cristo se convirtió en el Logos más influyente de la historia de la humanidad.

Corolarios:
1. El Logos-Cristo, aun compartiendo con otros *logoi* encarnados el carácter de símbolo universal, posee la singularidad de haber dejado huella histórica verificable.
2. La relevancia del Logos-Cristo no implica la falsedad de los demás *logoi* encarnados, sino su subordinación histórica en la memoria colectiva debido a la falta de un proceso semejante de institucionalización.
3. La figura de Cristo revela la doble naturaleza del Logos encarnado: por un lado, lo trascendente que se manifiesta en carne; por otro, la fragilidad de esa encarnación al ser apropiada y manipulada por estructuras de poder humano.

Escolio. El Logos-Cristo marcó la historia porque habitó la historia. Mientras los demás *logoi* encarnados se presentan como símbolos que transitan entre mito y alegoría, Cristo se mostró como carne concreta que recorrió aldeas, comió pan, lloró, murió y resucitó ante testigos. Su diferencia no está solo

---

[193] La primera comunidad cristiana, sin la expansión imperial, habría permanecido limitada casi exclusivamente al judaísmo helenístico.

en lo que reveló, sino en **cómo** lo reveló: por medio de una existencia entera, no un destello momentáneo[194]. A esto se añadió la fuerza de la Iglesia y del Imperio, que transformaron esa experiencia en la matriz espiritual, política y cultural de Occidente.

Así, Cristo se convierte en el Logos decisivo no porque los demás sean falsos, sino porque el suyo fue el más prolongado, el más accesible, el más narrado y el más apropiado. El Logos que se volvió historia universal.

---

[194] Los relatos evangélicos sitúan la vida de Cristo en una secuencia histórica continua, a diferencia de apariciones episódicas de otras figuras míticas.

SOBRE EL LOGOS COMO FENÓMENO Y SU RETORNO A LA ESENCIA NOUMÉNICA

Definiciones:
1. Llamo **fenómeno del Logos** a la manifestación sensible, histórica y temporal del Logos, limitada a las categorías humanas de espacio, tiempo y narración[195].
2. Llamo **esencia nouménica del Logos** a su ser eterno, absoluto e infinito, no sometido a las condiciones del fenómeno, sino fundamento mismo de lo inteligible[196].
3. Llamo **fenomenología del espíritu del Logos** al proceso por el cual la conciencia humana, a través de la experiencia histórica del fenómeno, asciende hacia la conciencia de su esencia nouménica[197].
4. Llamo **activación de la razón práctica** al paso mediante el cual la humanidad, al reconocer el Logos, no solo lo contempla, sino que lo actualiza en su obrar moral[198].

Axiomas:
1. Todo fenómeno es finito, pues se encuentra limitado por el tiempo y el espacio.
2. El Logos, en cuanto esencia, no puede ser reducido al fenómeno sin perder su carácter absoluto[199].
3. La manifestación fenoménica del Logos es necesaria como mediación, pero insuficiente como verdad

---

[195] El concepto de "fenómeno" aquí sigue la tradición kantiana, pero aplicado teológicamente como "aparición" limitada del Verbo.

[196] La noción de NOUMENO proviene de Kant, aunque aquí se usa en sentido ontológico cercano al de Platón: realidad absoluta.

[197] "Fenomenología del espíritu" es de Hegel, pero reaplicada al Logos cristiano como proceso histórico-espiritual.

[198] La razón práctica kantiana solo se activa cuando la voluntad se reconoce unida a la ley moral universal.

[199] Idea cercana a la distinción patrística entre PROSOPON y OUSÍA en Cristo.

plena[200].

4. El Espíritu solo es consciente de sí mismo en la medida en que atraviesa el fenómeno y retorna a su esencia[201].

Proposiciones:

Proposición I. El Logos como fenómeno es necesario pero limitado.

Demostración. Si el Logos no se manifestara en fenómeno, sería inaccesible a la conciencia humana. Sin embargo, en cuanto se limita al tiempo (33 años) y a la carne (historia concreta), se vuelve finito y parcial. Por tanto, su verdad no se agota en el fenómeno[202].

Proposición II. La verdad plena del Logos se alcanza únicamente cuando el fenómeno remite a la esencia nouménica.

Demostración. Todo fenómeno, según Kant, es representación de una cosa en sí que lo fundamenta. El Logos encarnado, en cuanto fenómeno, apunta más allá de sí mismo hacia su ser eterno. Negar este retorno sería reducir lo absoluto a un hecho histórico[203].

Proposición III. El uso político y religioso del Logos-Cristo contribuyó a universalizar su fenómeno, pero no agotó su esencia.

Demostración. La institucionalización del cristianismo hizo posible que la memoria de Cristo alcanzara toda la

---

[200] En toda teología apofática existe esta distinción: lo manifestado nunca es la plenitud de lo divino.
[201] Hegel: el Espíritu se reconoce al pasar por la finitud.
[202] Los 33 años de Cristo son interpretados aquí como limitación fenoménica que obliga a trascender hacia la esencia.
[203] Kant, A125, fundamento de la distinción fenómeno–cosa en sí.

humanidad. Sin embargo, este uso redujo al Logos a un instrumento de poder. Solo en la reflexión filosófica y espiritual se recupera su ser nouménico como Espíritu[204].

Proposición IV. La fenomenología del Espíritu consiste en el ascenso de la conciencia desde el fenómeno del Logos hasta la experiencia de su esencia.

Demostración. Según Hegel, la conciencia se realiza en la dialéctica: parte de lo inmediato (fenómeno), lo niega (como limitación) y lo eleva (retorno al Espíritu). En este sentido, la encarnación histórica del Logos no es un fin en sí, sino el inicio de la conciencia del Espíritu en la humanidad[205].

Proposición V. El reconocimiento del Logos en su esencia abre la posibilidad de la razón práctica en la humanidad.

Demostración. Kant enseña que la razón práctica se funda en la conciencia de la ley moral universal. Pero esta conciencia no se activa plenamente sin la referencia al Logos como garante de la universalidad. Así, el paso del Logos-fenómeno al Logos-espíritu hace posible que la humanidad actúe ya no solo por instinto, sino por conciencia de su participación en lo eterno.

Corolarios:
1. El Logos en carne no fue el fin de su manifestación, sino el medio necesario para que la conciencia humana pudiera remontarse al Espíritu[206].
2. La historia de Cristo como fenómeno fue indispensable, pero su verdad última es el Espíritu

---

[204] Véase Agamben, Foucault, o incluso Weber sobre religión como estructura de poder.
[205] Hegel, FENOMENOLOGÍA DEL ESPÍRITU, §§ paragraphs sobre el Espíritu.
[206] El cristianismo primitivo ya entendía a Cristo como mediador hacia el Espíritu (Juan 14–16).

universal que se activa en la humanidad al reconocerse en él[207].
3. La razón práctica es la consecuencia histórica del Logos en cuanto Espíritu: la humanidad, consciente de su libertad, obra conforme a la universalidad del bien[208].

Escolio. El Logos-Cristo en cuanto fenómeno habitó entre los seres humanos, limitado por el tiempo y el espacio. Pero si permaneciera únicamente como fenómeno histórico, sería reducido a un mito más, atrapado en la contingencia de la política y la religión[209]. Su verdad, en cambio, radica en que al ser recordado, narrado y universalizado, abrió a la humanidad la posibilidad de reconocer lo eterno en lo temporal[210].

Aquí se cumple la **Fenomenología del Espíritu**: el Logos no se queda en la carne, sino que retorna al Espíritu, y en ese retorno la humanidad despierta[211]. Solo entonces se activa la razón práctica: el ser humano no obedece por miedo ni superstición, sino por conciencia del Logos como universalidad ética[212]. La encarnación del Logos se convierte así en el puente del fenómeno al noumeno, del sensible al inteligible, de la historia a la eternidad.

---

[207] Pablo desarrolla esta idea en 2 Cor 3:6: "La letra mata, el Espíritu da vida".
[208] Para Kant, actuar por deber implica universalidad, no interés personal.
[209] Bultmann habla de "desmitologización" para evitar este reduccionismo.
[210] La memoria universal de Cristo es un fenómeno histórico singular.
[211] Hegel sostiene que el Espíritu se despliega históricamente como autoconciencia progresiva.
[212] Esto coincide con la idea neotestamentaria de la "ley en el corazón" (Rom 2:15).

SOBRE LA RAZÓN PRÁCTICA COMO EVIDENCIA DEL ESPÍRITU DEL LOGOS EN LA HUMANIDAD

Definiciones:
1. Llamo **razón práctica** a la facultad de la voluntad humana que obra conforme a principios universales, no por inclinación o utilidad, sino por el deber del bien en sí mismo.
2. Llamo **Espíritu del Logos** a la universalidad ética del bien que habita en la conciencia humana como huella y fruto de la encarnación del Logos.
3. Llamo **fruto del Espíritu** a toda acción en la cual el ser humano obra el bien sin cálculo externo, como transparencia de la ley moral en su vida.
4. Llamo **razón pura** al fundamento inteligible de toda moralidad, accesible no por experiencia sensible, sino por la conciencia del deber.

Axiomas:
1. Ninguna acción realizada por interés o temor puede considerarse evidencia del Espíritu del Logos[213].
2. Toda acción que se funda en el bien en sí mismo, independientemente de las consecuencias, es ejercicio de la razón práctica[214].
3. El ejercicio de la razón práctica en la historia es la manifestación del Espíritu universal en la carne de la humanidad[215].

---

[213] Cfr. Kant, FUNDAMENTACIÓN DE LA METAFÍSICA DE LAS COSTUMBRES, sobre la diferencia entre acciones por deber y acciones conforme al deber.
[214] Ibíd., primera sección: el valor moral no depende de las consecuencias.
[215] Idea cercana a Hegel: el Espíritu se realiza históricamente.

Proposiciones:

Proposición I. La razón práctica es la huella del Logos encarnado en la conciencia humana.

Demostración. Cristo, como Logos encarnado[216], no solo enseñó doctrinas, sino que obró el bien por el bien, sin cálculo de utilidad[217]. Al morir en obediencia al bien mismo (la voluntad del Padre)[218], mostró el modelo perfecto de la razón práctica. Por tanto, toda vez que el ser humano obra el bien desinteresado, reproduce en sí la encarnación del Logos[219].

Proposición II. Toda acción conforme a la razón práctica es evidencia del Espíritu del Logos en la historia.

Demostración. Según Kant, la razón práctica exige que la máxima de nuestra acción pueda convertirse en ley universal[220]. Tal obrar es un signo de universalidad que no proviene de la naturaleza sensible, sino del Espíritu del Logos en nosotros[221]. Así, el bien desinteresado no es mera ética, sino manifestación del Espíritu[222].

Proposición III. La razón práctica hace presente en la humanidad la razón pura, tal como el Logos encarnado la hizo visible en carne.

---

[216] Juan 1:14 — "El Logos se hizo carne".
[217] Véase Mateo 5–7 como modelo de acción no interesada.
[218] Filipenses 2:8 — obediencia hasta la muerte.
[219] Concepto patrístico: IMITATIO CHRISTI.
[220] Kant, imperativo categórico: "obra sólo según una máxima tal que puedas querer al mismo tiempo que se convierta en ley universal".
[221] Interpretación teológica: el "universal" como huella del Logos.
[222] Relación entre ética kantiana y teología del Logos presente en el idealismo alemán.

Demostración. La razón pura es inaccesible directamente, pues no pertenece al mundo de los fenómenos, sino al noumeno[223]. Sin embargo, mediante la razón práctica —que es su actualización en la voluntad— se da a conocer en actos concretos[224]. Así como el Logos encarnado reveló lo inaccesible en la carne[225], la acción moral revela lo nouménico en lo fenoménico[226].

Proposición IV. La práctica del bien en sí mismo constituye la continuidad de la encarnación del Logos en la historia.

Demostración. La encarnación del Logos no se limita a 33 años en Palestina[227], sino que se perpetúa en todo aquel que, al obrar conforme al bien en sí, manifiesta al Espíritu[228]. Por tanto, la historia de la humanidad en su dimensión ética es extensión de la vida del Logos[229].

Corolarios:
1. El Logos encarnado fue la semilla; la razón práctica en la humanidad es su fruto[230].
2. Toda acción justa, compasiva y desinteresada es un testimonio vivo de que el Espíritu del Logos habita en el ser humano[231].
3. La historia de la moralidad universal —cuando el ser humano obra más allá de sí mismo— es la verdadera fenomenología del Espíritu del Logos en la tierra[232].

---

[223] Kant, distinción fenómeno/noumeno en CRÍTICA DE LA RAZÓN PURA.
[224] Razón práctica como actualización del reino de los fines.
[225] Juan 14:9 — "quien me ha visto a mí ha visto al Padre".
[226] Analogía hegeliana entre manifestación sensible y verdad del Espíritu.
[227] Afirmación histórica común sobre la duración del ministerio de Cristo.
[228] Cfr. Romanos 8:9–11 sobre el Espíritu actuando en los creyentes.
[229] Lectura hegeliana: la historia es la historia de la manifestación del Espíritu.
[230] Metáfora bíblica del grano que muere y da fruto (Juan 12:24).
[231] Gálatas 5:22 — fruto del Espíritu.
[232] Hegel, FENOMENOLOGÍA DEL ESPÍRITU; la moralidad como etapa del Espíritu.

Escolio. El sabio Kant habló del **imperativo categórico** como fundamento de la moral[233]. Pero este imperativo, cuando se observa a la luz del Logos, revela un significado más profundo: no es solo un mandato de la razón, sino la evidencia de que el Espíritu del Logos habita en nosotros[234].

La humanidad, cuando hace el bien sin cálculo, actúa en comunión con el Logos[235]. Así, la razón práctica no es fría abstracción, sino el **fruto del Espíritu**[236], la prueba de que el Logos encarnado sigue habitando en la carne humana[237], no ya en un individuo único, sino en la comunidad universal que obra por el bien en sí mismo[238].

---

[233] CRÍTICA DE LA RAZÓN PRÁCTICA, introducción.
[234] Interpretación idealista: la ley moral como "presencia de lo eterno" en la conciencia.
[235] Idea joánica: "el que permanece en mí..." (Juan 15).
[236] Relación entre ética y pneumatología en la teología cristiana primitiva.
[237] Juan 14:23 — "haremos morada en él".
[238] Concepción paulina de la Iglesia como cuerpo del Logos (1 Corintios 12)

PARTE III

HISTORIA, TRANSFORMACIÓN Y LIBERACIÓN

SOBRE LA MEMORIA HISTÓRICA DEL LOGOS

Definiciones:
1. Por **Logos** entiendo la razón universal, principio ordenador del cosmos, inteligible y fuente del sentido, que se manifiesta en fenómenos y símbolos.
2. Por **memoria histórica** entiendo no la mera acumulación cronológica de hechos, sino la conciencia transmitida en culturas, religiones, mitos y filosofías, que conserva y resignifica la experiencia del Logos en la humanidad.
3. Por **manifestación** entiendo la irrupción del Logos en lo sensible, ya sea en símbolos, palabras, narraciones, encarnaciones o actos de razón práctica.
4. Por **sabio** entiendo aquel que reconoce en la memoria histórica la huella del Logos; y por **necio** aquel que reduce la memoria a mito sin verdad, o a hecho sin sentido.

Axiomas:
1. Todo fenómeno es símbolo[239].
2. Todo símbolo es interpretación parcial de la cosa en sí[240].
3. El Logos, como principio universal, no se agota en ninguna manifestación histórica, pero cada manifestación histórica lo conserva en parte[241].

Proposiciones:

Proposición I. La memoria histórica es el prisma por el cual

---

[239] Cfr. Cassirer, FILOSOFÍA DE LAS FORMAS SIMBÓLICAS.
[240] Kant, CRÍTICA DE LA RAZÓN PURA, distinción fenómeno/"cosa en sí".
[241] Heráclito, frag. B50: el Logos es común, pero nadie lo escucha del todo.

el Logos se transmite en el tiempo.

Demostración. Cada cultura registra la irrupción de lo divino en símbolos (mitos, escrituras, códices, himnos)[242]. Estos registros, aunque limitados, preservan la huella del Logos[243]. Así como el prisma conserva la luz en fragmentos, la memoria histórica conserva el Logos en pluralidad de formas.

Proposición II. Sin memoria histórica, el Logos encarnado se perdería en lo efímero del fenómeno.

Demostración. Lo sensible es perecedero[244]. El Logos encarnado en carne, palabra o acción sería olvidado si no quedara inscrito en relatos, instituciones y prácticas[245]. La memoria histórica prolonga el fenómeno en el tiempo y lo convierte en símbolo vivo[246].

Proposición III. El Logos, transmitido en la memoria histórica, se resignifica en cada época.

Demostración. La memoria no es un archivo neutro; es reinterpretación constante[247]. El Génesis[248], los Vedas[249], los códices mesoamericanos[250], los poemas órficos[251], las *Confesiones* de Agustín[252] o la *Crítica de la razón pura* de Kant[253] no se leen hoy como antaño, pero siguen revelando prismas del Logos. Por tanto, la memoria histórica no solo

---

[242] Mircea Eliade, LO SAGRADO Y LO PROFANO: toda hierofanía funda símbolo.
[243] Ricoeur: "el símbolo da que pensar".
[244] Aristóteles: lo sensible es corruptible (FÍSICA, I).
[245] La tradición oral como vía de preservación del Logos; cf. James, ORALITY AND MEMORY.
[246] Agustín: memoria como "presente del pasado" (CONFESIONES, XI).
[247] Gadamer: toda comprensión es reinterpretación (VERDAD Y MÉTODO).
[248] Lecturas modernas del Génesis como mito teológico más que crónica.
[249] ṚG VEDA, himnos de creación (nāṣadīya).
[250] POPOL VUH y códices como expresiones del orden cósmico.
[251] Tradición órfica: mito como acceso al orden del ser.
[252] Agustín: la interioridad como lugar del Logos.
[253] Kant: el Logos como razón legisladora.

conserva: recrea[254].

Proposición IV. La memoria histórica del Logos es ambivalente: ilumina y manipula.

Demostración. El Logos de Cristo, preservado en los Evangelios[255] y la tradición, dio nacimiento a una conciencia universal[256], pero también fue instrumentalizado por poderes políticos y religiosos para dominar[257]. Por tanto, la memoria histórica del Logos es, al mismo tiempo, revelación y riesgo[258].

Proposición V. El sabio lee la memoria histórica como símbolo, el necio como dogma o superstición.

Demostración. El sabio reconoce que cada relato, mito o escritura encierra una parte del Logos[259] y lo complementa con otros. El necio absolutiza un solo relato, excluyendo la prismática totalidad[260], o bien lo reduce a fábula vacía[261]. Así, solo el sabio hace justicia a la memoria histórica.

Escolios:
1. La memoria histórica del Logos se encuentra en todas las culturas:
    - En los himnos védicos, donde la palabra sagrada (*śabda*) es principio creador[262].
    - En los códices mayas y mexicas, donde el mito cosmogónico expresa la continuidad de lo divino

---

[254] Ricoeur: la memoria es narrativa, no archivo.
[255] Evangelios como memoria comunitaria del Logos encarnado.
[256] Pablo: el Logos como universalización del mensaje (Gál 3:28).
[257] Agamben: "teología política" y usos del Logos por el poder.
[258] Hegel: toda mediación histórica implica riesgo de alienación.
[259] Idea platónica del mito como vehículo de verdad.
[260] Dogmatismo: clausura del símbolo.
[261] Reduccionismo moderno: mito como ficción (positivismo).
[262] ŚABDA-BRAHMAN: la palabra como principio originario.

con lo humano[263].
- En los escritos zoroástricos, donde el dualismo cósmico revela la lucha del orden y el caos[264].
- En la Torá y en los Profetas, donde el Logos se manifiesta como Ley y Palabra[265].
- En Heráclito, donde el Logos es flujo universal[266].
- En Platón, donde el Logos se asocia al acceso al mundo inteligible[267].
- En Agustín, donde el tiempo es interioridad abierta al Logos eterno[268].
- En Kant, donde el tiempo y el espacio son condiciones del fenómeno y el Logos se vislumbra en la razón[269].
- En Hegel, donde el Espíritu se realiza históricamente como Logos absoluto[270].

Todo esto constituye una sola memoria histórica prismática[271].

2. La memoria histórica no debe confundirse con repetición literal. No se trata de conservar palabras muertas, sino de vivificar símbolos que actualicen el Logos en cada generación[272]. Cuando la memoria se fosiliza, se convierte en idolatría[273]; cuando se abre al

---

[263] Lévi-Strauss: los mitos mesoamericanos como estructuras del sentido.
[264] AVESTA: lucha entre AŠA (orden) y DRUJ (caos).
[265] Logos como DABAR (Palabra eficaz) en la tradición hebrea.
[266] Heráclito: el Logos como principio del devenir.
[267] Platón, REPÚBLICA: ascenso al mundo inteligible mediante el Logos.
[268] Agustín: el tiempo interior como diálogo con el Logos eterno.
[269] Kant: las condiciones trascendentales como huellas de la razón.
[270] Hegel: el Espíritu absoluto como plenitud del Logos.
[271] Concepción hermenéutica: unidad en la diversidad.
[272] Benjamin: el pasado es "llamado" por el presente para ser actualizado.
[273] Idolatría: fijación literal del símbolo.

Espíritu, se convierte en sabiduría[274].
3. La memoria histórica del Logos prepara a la humanidad para la praxis ética[275]. Pues quien reconoce al Logos en la historia no puede permanecer pasivo: se sabe heredero de una manifestación universal y, por tanto, llamado a obrar el bien por el bien mismo[276].

Conclusión. La memoria histórica del Logos es el modo en que la humanidad, ser simbólico por excelencia, prolonga y reactualiza la manifestación de lo inaprensible en lo sensible[277]. Sin memoria, el Logos encarnado se perdería como fenómeno; con memoria, el Logos deviene símbolo, conciencia y Espíritu[278]. El sabio, entonces, no idolatra el pasado ni lo desecha, sino que lo reconoce como testimonio vivo de la verdad prismática[279].

---

[274] Sabiduría: apertura al sentido.
[275] Ética como resultado de la memoria viva (Arendt, acción).
[276] Imperativo moral como respuesta a la historia del Logos.
[277] Hegel: lo absoluto se manifiesta en lo sensible.
[278] Cristo como fenómeno y Espíritu como verdad (lectura idealista).
[279] Unidad prismática: verdad que se refracta sin fragmentarse.

SOBRE LA TRANSFORMACIÓN INTERIOR COMO HUELLA DEL LOGOS

Definiciones:
1. Por **transformación interior** entiendo el tránsito del ser humano desde una conciencia centrada en sí (ego, necedad) hacia una conciencia abierta al Logos, que se expresa en razón práctica, virtud y sabiduría[280].
2. Por **Espíritu del Logos** entiendo la presencia activa del principio universal en la conciencia humana, que mueve al sujeto hacia el bien por el bien mismo[281].
3. Por **sabio transformado** entiendo aquel que, reconociendo la verdad prismática, asimila los símbolos y memorias del Logos hasta encarnar en su vida la praxis ética y espiritual[282].

Axiomas:
1. El Logos se manifiesta en símbolos que afectan la conciencia[283].
2. La conciencia humana no permanece indiferente ante el Logos: o se resiste (necedad) o se abre (sabiduría)[284].
3. La praxis ética auténtica es signo de la transformación interior del Espíritu del Logos en el ser humano[285].

Proposiciones:

Proposición I. La transformación interior comienza con el reconocimiento de la limitación del yo.

---

[280] Inspirado en la noción socrática del "conócete a ti mismo" como apertura a la verdad.
[281] En sentido cercano al LOGOS SPERMATIKÓS estoico.
[282] Relacionado con la idea neoplatónica del alma que asciende hacia la unidad.
[283] Cfr. Cassirer: el ser humano interpreta el mundo mediante símbolos.
[284] Implica una libertad responsiva ante la verdad.
[285] Aquí se sigue la idea kantiana de que la moralidad se manifiesta en la acción.

Demostración. El necio se aferra a su razón individual como totalidad; el sabio reconoce que su razón es parcial y prismática[286]. El primer paso hacia la transformación interior es este descentramiento del yo, que abre espacio al Logos[287].

Proposición II. La memoria histórica del Logos es condición para la transformación interior.

Demostración. Sin relatos, símbolos y testimonios, el Logos encarnado se perdería en el tiempo[288]. La memoria histórica ofrece al sujeto ejemplos y símbolos que activan la conciencia de lo divino[289]. Por tanto, la transformación no ocurre en vacío, sino en diálogo con la memoria[290].

Proposición III. El Logos, acogido en la interioridad, se convierte en razón práctica.

Demostración. La razón pura se orienta hacia principios universales, pero cuando es vivida interiormente se manifiesta en actos concretos de bien desinteresado[291]. La praxis ética es, pues, la señal externa de la transformación interior[292].

Proposición IV. La transformación interior es universalmente posible, pero no necesaria.

Demostración. El Logos se ofrece a todos, pero solo algunos abren su conciencia a él[293]. La libertad del ser humano le

---

[286] Cfr. Pascal: "el yo es odioso" por su pretensión de totalidad.
[287] Proceso de DESCENTRAMIENTO presente en diversas tradiciones espirituales.
[288] De ahí la importancia de la tradición y transmisión simbólica.
[289] Los símbolos actúan como "despertadores" de la conciencia espiritual.
[290] Por eso no hay espiritualidad sin memoria.
[291] Inspirado en Kant: la razón práctica encarna principios universales en acciones concretas.
[292] La ética como manifestación visible de un principio interior.
[293] Cfr. Juan 1:9: "La luz que ilumina a todo hombre."

permite rechazar el Logos y permanecer en la necedad[294]. Por tanto, la transformación interior es posibilidad, no imposición[295].

Proposición V. El fruto de la transformación interior es el amor.

Demostración. El Logos, en cuanto principio universal, tiende a la unidad y reconciliación de lo múltiple[296]. Cuando habita en la conciencia transformada, produce amor: no como afecto pasional, sino como obra de la razón práctica que busca el bien en sí mismo.

Escolios:
1. La transformación interior no se reduce a moralismo. El sabio transformado no actúa "para ser bueno" según normas externas, sino porque ha experimentado en sí el Espíritu del Logos[297]. Su obrar ético fluye naturalmente de su conciencia transformada[298].
2. La fenomenología del Espíritu (Hegel) muestra que la conciencia humana progresa en la historia hacia una mayor autocomprensión del Logos[299]. Pero este proceso histórico tiene también un correlato interior: cada sujeto es microcosmos de esa fenomenología[300]. En él, el Logos despierta desde la inmediatez sensible hasta la razón práctica espiritual[301].
3. Agustín ya intuyó esta transformación en sus *Confesiones*, cuando describió el viaje interior hacia el

---

[294] Libertad entendida como capacidad de aceptar o rechazar la verdad.
[295] Contra toda idea determinista de la salvación moral.
[296] En línea con la noción agustiniana de que el amor orienta la voluntad hacia el bien.
[297] Diferencia entre moral interior y obediencia externa.
[298] Flujo natural de la virtud como hábito.
[299] Hegel: el Espíritu llega a sí mismo a través de la historia.
[300] El individuo repite en sí la dialéctica del Espíritu.
[301] Proceso desde la sensibilidad hasta la razón ética.

"hombre interior" donde habita la verdad[302]. Kant, desde otro ángulo, explicó que la moralidad no es externa, sino que nace de la autonomía racional[303]. Ambos coinciden en que el Logos se revela en la interioridad transformada[304].

Conclusión. La transformación interior es la huella viva del Logos en la conciencia humana. El sabio, al reconocer la verdad prismática y acoger la memoria histórica del Logos, se abre a una praxis ética que da testimonio del Espíritu[305]. Así, el Logos, que una vez habitó en carne como fenómeno, ahora habita en el espíritu del ser humano como praxis universal[306].

El necio permanece cerrado en su yo, esclavo de símbolos sin comprender su sentido, o de normas sin captar su espíritu[307]. El sabio, en cambio, se convierte en encarnación viva del Logos, porque ha dejado que la verdad universal transforme su interior[308].

---

[302] CONFESIONES, libro VII: búsqueda del "hombre interior".
[303] Autonomía como fundamento de la moral.
[304] Ambos plantean que la verdad se alcanza en la interioridad.
[305] Praxis como signo externo del Espíritu interior.
[306] Transformación de la presencia del Logos: de fenómeno a espíritu.
[307] Analogía con la "letra que mata" sin el espíritu.
[308] Refleja la tradición mística de la unión con la verdad universal.

SOBRE EL FUTURO DEL LOGOS EN LA HUMANIDAD

Definiciones:
1. Por **Logos** entiendo el principio universal del sentido, que ordena y fundamenta tanto la razón pura como la razón práctica, y que se manifiesta en fenómenos, símbolos y en la conciencia humana[309].
2. Por **futuro del Logos** entiendo el despliegue histórico y espiritual de dicho principio en la humanidad, es decir, la forma en que el Logos continúa encarnándose en la praxis colectiva y en la conciencia universal[310].
3. Por **humanidad transformada** entiendo la comunidad de sujetos que, reconociendo el Logos, orientan su razón práctica hacia el bien común y la unidad del espíritu[311].

Axiomas:
1. Todo Logos encarnado en la historia tiende a perpetuarse en símbolos y memoria[312].
2. Todo símbolo conserva en parte la verdad, pero requiere reinterpretación constante para seguir vivo[313].
3. El futuro del Logos en la humanidad depende de la apertura de la conciencia colectiva a su Espíritu[314].

Proposiciones:

Proposición I. El Logos tiene un futuro en la humanidad porque no se agota en ninguna manifestación histórica

---

[309] Heredado de Heráclito, los estoicos y reinterpretado en la tradición cristiana y moderna.
[310] Similar a la idea hegeliana del Espíritu que avanza en la historia.
[311] Ecos de la tradición ética kantiana y la filosofía práctica.
[312] Proceso observable en todas las religiones y sistemas filosóficos.
[313] Cfr. Ricoeur: el símbolo da qué pensar, pero exige reinterpretación.
[314] El Logos entendido aquí como principio vivo, no como dogma cerrado.

particular.

Demostración. Si el Logos es universal, ninguna encarnación pasada lo agota[315]. Por tanto, siempre está abierto a nuevas interpretaciones y formas de manifestarse en la historia[316].

Proposición II. El futuro del Logos depende de la transformación interior de los individuos.

Demostración. El Logos habita en símbolos colectivos, pero su actualización depende de la conciencia humana[317]. Si los sujetos permanecen en necedad, la memoria se fosiliza; si se transforman, la memoria se reactualiza y proyecta hacia adelante[318].

Proposición III. El futuro del Logos se dará como expansión de la razón práctica en la humanidad.

Demostración. La razón pura revela principios universales, pero solo en la praxis se encarna como bien concreto. Cuando la humanidad actúe más desde el bien por el bien mismo, el Logos se habrá encarnado en su futuro histórico[319].

Proposición IV. El Logos en el futuro se expresará en formas culturales, tecnológicas y espirituales aún no conocidas.

Demostración. Si el Logos es principio de sentido, siempre se encarna en los lenguajes de cada época: antes en mitos, luego en religiones, en filosofía, en ciencia[320]. Por tanto, el futuro traerá nuevas formas simbólicas de manifestar el

---

[315] Perspectiva afín al universalismo filosófico y teológico.
[316] La historia de las ideas ilustra esta inagotabilidad del sentido.
[317] La conciencia humana como "lugar" del Logos.
[318] La memoria simbólica se reactiva solo en sujetos abiertos al Espíritu.
[319] La praxis ética como encarnación del Logos.
[320] Ejemplo clásico del devenir histórico del sentido.

Logos[321].

Proposición V. El fin último del futuro del Logos es la unificación del Espíritu humano en la conciencia del todo.

Demostración. El Logos tiende a la unidad de lo múltiple[322]. En la medida en que la humanidad reconozca su propia diversidad prismática como facetas de un mismo sentido, el Espíritu universal se realizará.

Escolios:
1. El futuro del Logos no debe entenderse como un evento final y absoluto, sino como un proceso continuo. Cada generación lo reinterpreta y lo encarna en nuevas estructuras de pensamiento, acción y convivencia[323].
2. Así como en el pasado el Logos se expresó en la cosmogonía mítica, en los códices, en la filosofía griega, en la encarnación cristiana, en las ciencias modernas y en la ética kantiana, en el futuro se expresará quizás en nuevas síntesis que hoy no podemos imaginar: un lenguaje espiritual post-tecnológico, una ciencia simbólica más allá de los números, o una comunidad global animada por la razón práctica[324].
3. El necio del futuro será aquel que absolutice una sola manifestación del Logos, sea religiosa, científica o tecnológica. El sabio del futuro será aquel que reconozca la verdad prismática y continúe la apertura de su conciencia al Espíritu universal[325].

---

[321] Ningún periodo histórico ha agotado las posibilidades simbólicas.
[322] Noción agustiniana y también presente en los estoicos.
[323] La tradición se renueva en cada recepción histórica.
[324] Anticipación especulativa basada en analogías históricas.
[325] Crítica a toda absolutización unilateral del sentido.

Conclusión: El futuro del Logos en la humanidad no es un destino predeterminado, sino una posibilidad siempre abierta[326]. El Logos seguirá encarnándose en la medida en que los seres humanos se transformen interiormente, reactualicen su memoria histórica y encarnen en la praxis ética el bien universal[327].

El Logos del futuro no será solo el Cristo del pasado, ni el mito de los antiguos, ni la razón de los filósofos[328], ni la ciencia de los modernos; será todos ellos y más aún, en una síntesis aún no revelada, pero siempre anticipada en cada acto de amor y justicia[329].

Así, el futuro del Logos es el futuro mismo de la humanidad, pues cuanto más el ser humano vive en razón práctica, tanto más el Logos habita en él[330].

---

[326] La libertad humana impide un futuro rígidamente predeterminado.
[327] Futuro como apertura espiritual, no fatalismo.
[328] Referencia implícita a la secuencia histórica de manifestaciones del sentido.
[329] Unidad creciente entre ética, espiritualidad y conciencia.
[330] En línea con la idea de que "el Logos habita donde se hace el bien".

SOBRE LA LIBERACIÓN DEL LOGOS DE LOS SISTEMAS DE PRECONDICIONAMIENTO

Definiciones:
1. Por **Logos** entiendo la razón universal, principio de sentido, fuente de orden, verdad y ética, que se manifiesta en fenómeno, símbolo y conciencia[331].
2. Por **sistema de precondicionamiento** entiendo cualquier estructura —política, social, religiosa, cultural o mediática— que determina lo que debe ser percibido, interpretado o creído acerca de la realidad y del Logos[332].
3. Por **liberación del Logos** entiendo la capacidad de trascender los condicionamientos, para acercarse a la verdad prismática del Logos y encarnarlo en la vida mediante la praxis ética y espiritual.
4. Por **sabio liberado** entiendo aquel que reconoce los sistemas de precondicionamiento, los observa críticamente, y encuentra en su interior acceso directo al Logos sin depender exclusivamente de las formas impuestas[333].

Axiomas:
1. Todo conocimiento humano, experiencia e interpretación está mediado por símbolos y condicionamientos culturales[334].
2. Los sistemas de precondicionamiento no son neutrales; buscan perpetuar intereses y perspectivas limitadas[335].

---

[331] Herencia filosófica que une a Heráclito, los estoicos, Juan 1 y la razón práctica moderna.
[332] Inspirado en la crítica de Foucault, Althusser y los estudios sobre ideología.
[333] Cercano al ideal del HOMBRE INTERIOR en Agustín y la autonomía kantiana.
[334] Afirmación central de la hermenéutica contemporánea (Gadamer, Ricoeur).
[335] Los sistemas tienden a preservar hegemonía (Gramsci).

3. El Logos como principio universal no puede ser reducido por ningún sistema; solo puede ser experimentado en conciencia libre[336].

Proposiciones:

Proposición I. Reconocer el condicionamiento es el primer paso para la liberación del Logos.

Demostración. Quien ignora que su percepción está mediada por sistemas de poder cree falsamente conocer la verdad[337]. Solo al observar la influencia de dichos sistemas se abre la posibilidad de una experiencia directa del Logos[338].

Proposición II. La liberación del Logos requiere un ejercicio de discernimiento interior y diálogo con la memoria histórica.

Demostración. Los símbolos, textos y prácticas de la humanidad contienen fragmentos del Logos[339]. Al leerlos críticamente, sin aceptar dogmas impuestos, el sujeto puede reconstruir el Logos más allá de la versión del sistema dominante[340].

Proposición III. La encarnación del Logos es solo posible desde la liberación interior.

Demostración. Si la conciencia está dominada por sistemas, el Logos queda reducido a interpretación externa: palabra, ritual o doctrina[341]. Solo al trascender los condicionamientos, la razón práctica puede manifestar el bien en sí mismo y

---

[336] Idea de la trascendencia del Logos frente a toda institución.
[337] Ignorancia estructural descrita por la crítica ideológica moderna.
[338] La autoconciencia crítica es condición de libertad espiritual.
[339] La historia del símbolo como depósito del sentido.
[340] Recuperar el Logos frente a interpretaciones institucionalizadas.
[341] Riesgo de reducción doctrinal o ritualista del sentido.

encarnar el Logos en la acción[342].

Proposición IV. La liberación del Logos es simultáneamente individual y colectiva.

Demostración. Individualmente, el sabio liberado actúa según razón práctica; colectivamente, comunidades de individuos críticos y conscientes prolongan y expanden el Logos más allá de las formas impuestas[343].

Proposición V. La liberación del Logos no consiste en rechazar todo símbolo o toda tradición, sino en recuperar su sentido original y actualizarlo según la conciencia.

Demostración. La memoria histórica del Logos es un prisma; cada faceta puede ser utilizada por sistemas de control[344]. El sabio liberado distingue la esencia del Logos de la forma condicionada, permitiendo que el símbolo sea vehículo de la verdad, no de la manipulación[345].

Escolios:
1. Los sistemas políticos, religiosos y sociales buscan homogeneizar la interpretación del Logos para mantener poder[346]. La liberación del Logos es un acto de soberanía interior: reconocer el derecho de la conciencia a experimentar la verdad más allá de la doctrina impuesta[347].
2. La praxis ética es el criterio de liberación: actuar por el bien en sí mismo revela que el Logos ha sido

---

[342] La razón práctica como signo vivo del Logos.
[343] El Espíritu también se manifiesta en comunidades conscientes.
[344] El símbolo puede ser instrumento de liberación o control.
[345] Distinguir esencia (Logos) de forma (sistema) es gesto hermenéutico.
[346] Todo poder busca controlar el discurso sobre la verdad.
[347] La soberanía interior como resistencia espiritual.

interiorizado, más allá de la instrucción de sistemas externos[348].

3. El Logos liberado se reconoce por su universalidad, no por la exclusividad de una doctrina o cultura[349]. Quien encarna el Logos no impone su interpretación, sino que permite que la verdad prismática se manifieste en la diversidad de experiencias y símbolos[350].

Conclusión: La humanidad siempre ha estado condicionada por sistemas de poder que buscan definir lo que es "verdad" y "bien"[351]. Sin embargo, el Logos, como principio universal, permanece inaprensible para todo sistema[352]. La liberación del Logos consiste en:

1. Reconocer los sistemas de precondicionamiento.
2. Leer la memoria histórica con discernimiento, recuperando el sentido original de los símbolos[353].
3. Transformar la interioridad mediante la razón práctica y la acción ética[354].
4. Reconocer la universalidad del Logos y permitir que se manifieste en pluralidad de formas y culturas[355].

Solo así el Logos deja de ser un fenómeno impuesto, para convertirse en experiencia directa y en encarnación viviente en la humanidad. Quien logra esto se convierte en **sabio liberado**: consciente de la verdad prismática, habitado por el Espíritu y activo en la razón práctica[356].

---

[348] El bien como criterio universal del Logos.
[349] Universalidad del Logos frente a exclusivismos.
[350] La verdad prismática impide absolutismos interpretativos.
[351] Crítica histórica del poder sobre la verdad (Nietzsche/Foucault).
[352] El Logos como horizonte que excede toda estructura.
[353] La lectura crítica como reactivación del sentido original.
[354] Transformación interior como encarnación de la razón práctica.
[355] Reconocer la diversidad simbólica sin perder la unidad del Logos.
[356] El sabio liberado como culminación ética y espiritual del proceso.

PARTE IV

SÍNTESIS Y APLICACIÓN

LA VERDAD, EL LOGOS Y LA RAZÓN PRÁCTICA

Definiciones:
1. Por **Logos** entiendo el principio universal de razón y sentido, fuente de orden, verdad y ética, que se manifiesta en fenómenos, símbolos y en la conciencia humana.
2. Por **verdad prismática** entiendo que toda realidad, todo conocimiento y toda manifestación del Logos tienen múltiples facetas; ningún ángulo por sí solo agota la verdad.
3. Por **sabio** entiendo aquel que reconoce la multiplicidad de perspectivas, dialoga, interpreta símbolos y busca la verdad más allá de su propio yo[357].
4. Por **necio** entiendo aquel que se aferra a su interpretación individual, absolutizando su experiencia sin diálogo ni apertura a la pluralidad[358].
5. Por **fenómeno** entiendo la manifestación sensible de la realidad; por **noumeno**, la cosa en sí, inaccesible directamente.
6. Por **símbolo** entiendo el medio por el cual la conciencia humana interpreta el fenómeno; es vehículo indispensable para acceder al Logos.
7. Por **memoria histórica del Logos** entiendo la conservación y transmisión de la manifestación del Logos en culturas, religiones, textos y tradiciones[359].
8. Por **transformación interior** entiendo la apertura del sujeto a la verdad prismática y al Logos, reflejada en la razón práctica y la acción ética.

---

[357] El sabio como figura dialogante tiene ecos socráticos y bíblicos.
[358] La necedad en la literatura sapiencial bíblica se define como cerrazón del corazón.
[359] La memoria histórica del Logos se relaciona con la transmisión de tradiciones sagradas.

9. Por **liberación del Logos** entiendo la capacidad de trascender sistemas de precondicionamiento, para conocer, encarnar y vivir el Logos directamente.

Axiomas:
1. Todo conocimiento humano está condicionado por símbolos, experiencias y sistemas culturales[360].
2. Todo sistema (político, religioso o social) ejerce un poder de definición sobre lo que se cree y se interpreta.
3. El Logos no puede ser reducido a ninguna manifestación ni sistema; solo puede ser accedido críticamente por la conciencia abierta.
4. La acción ética basada en el bien por el bien mismo es evidencia de la interiorización del Logos[361].

Proposiciones:

Proposición I. La verdad es prismática y la conciencia humana solo accede al fenómeno mediante símbolos[362].

Demostración. Cada cultura, religión, ciencia y filosofía ofrece un ángulo parcial del Logos; ninguno lo agota. El sabio reconoce esta pluralidad; el necio se aferra a un solo ángulo.

Proposición II. El Logos se manifiesta históricamente en fenómenos, símbolos y personas encarnadas, siendo Cristo la manifestación más extensa y reconocida en la historia.

Demostración. La encarnación prolongada de treinta y tres años permitió que el Logos se viviera entre la humanidad, dejando memoria histórica y posibilitando la praxis ética

---

[360] Este axioma dialoga con la antropología simbólica.
[361] El bien por el bien mismo es kantiano, pero aquí interiorizado espiritualmente.
[362] La idea prismática se vincula con hermenéutica comparada.

futura.

Proposición III. La memoria histórica del Logos permite que cada generación acceda al fenómeno, interpretando los símbolos y reactivando la verdad prismática[363].

Demostración. Los códices, textos sagrados, filosofía y ciencia preservan fragmentos del Logos. El sabio crítico los usa como guía; el necio los absolutiza o descarta.

Proposición IV. La transformación interior es la consecuencia natural de reconocer la verdad prismática y la memoria histórica del Logos[364].

Demostración. Quien comprende la limitación de su yo y abre su conciencia a la pluralidad de símbolos internaliza el Logos, desarrollando razón práctica y manifestando el bien en actos concretos.

Proposición V. El futuro del Logos depende de la conciencia transformada de la humanidad y de la expansión de la razón práctica[365].

Demostración. Cada acto de bien desinteresado, cada interpretación crítica y cada apertura a la pluralidad contribuyen a la encarnación continua del Logos en la historia.

Proposición VI. La liberación del Logos requiere trascender sistemas de precondicionamiento.

---

[363] La transmisión simbólica es clave en la historia de las religiones.
[364] La transformación interior es esencial en misticismo cristiano y filosofía moral.
[365] La proyección histórica del Logos recuerda la filosofía de la historia en Hegel.

Demostración. Los sistemas intentan monopolizar la interpretación del Logos. Solo el sabio liberado, que discierne críticamente símbolos y memoria histórica, puede acceder directamente al Logos y encarnarlo auténticamente.

Escolios:
1. El sabio es aquel que actúa como nodo de la verdad prismática: reconoce la memoria histórica, trasciende sistemas de control y encarna el Logos en praxis ética.
2. La necedad se manifiesta como adherencia rígida a una sola interpretación del Logos, desconociendo la pluralidad de símbolos, la memoria histórica y la necesidad de transformación interior.
3. La praxis ética es la medida del Logos en la conciencia: actuar por el bien en sí mismo evidencia que la verdad prismática y el Logos han sido integrados.
4. La encarnación del Logos en la humanidad no se limita a hechos históricos: cada conciencia transformada, cada acto ético, cada reinterpretación crítica, contribuye a prolongar la presencia activa del Logos.
5. El Logos trascendiendo sistemas, memoria y tiempo permite que la humanidad proyecte hacia el futuro un proceso abierto de autoconocimiento, ética universal y armonía espiritual.

Conclusión: La humanidad, ser simbólico por excelencia, nunca accede a la cosa en sí, pero mediante símbolos, memoria histórica y praxis ética puede acercarse al Logos y encarnarlo en la vida.

El sabio reconoce:

1. La verdad prismática.
2. La necesidad de interpretar símbolos críticamente.
3. La memoria histórica del Logos como guía, no dogma.
4. La transformación interior como evidencia del Espíritu.
5. La razón práctica como encarnación activa del Logos.
6. La liberación de sistemas de precondicionamiento como principio para la autenticidad.

El Logos, de este modo, no es solo principio pasado, ni fenómeno presente, ni símbolo abstracto: es proceso vivo, encarnación continua y horizonte ético de la humanidad. Quien sigue este camino se convierte en sabio liberado, transformando su vida y contribuyendo a la encarnación progresiva del Logos en el mundo, mientras el necio queda limitado a la ilusión de la verdad unilateral.

EPÍLOGO

I. Una síntesis filosófica-espiritual. Todo pensamiento verdadero, cuando cumple su recorrido, vuelve a la luz de donde surgió. Este corpus —concebido desde el asombro y la razón, desde la fe interrogada y el pensamiento libre— encuentra en su cierre el mismo punto que lo originó: la luz prismática de la verdad.

El trayecto de estos tratados ha sido una marcha ascendente: del reconocimiento de los límites del saber humano hacia la intuición de una unidad superior. En este tránsito, la *verdad prismática* se reveló no como una teoría del conocimiento, sino como una estructura ontológica del ser: todo cuanto existe participa de la unidad y, al mismo tiempo, se diversifica en múltiples modos de manifestación. La ciencia, la religión, el arte y la filosofía son distintos haces de una misma irradiación.

Comprender esta estructura es retornar a la fuente. No como quien renuncia a la diversidad, sino como quien ve en ella la transparencia del Uno. La *luz del prisma* no divide para confundir, sino para mostrar que cada fragmento del espectro es necesario para la plenitud del color total.

El Logos —entendido como razón viva, principio ordenador y presencia divina— es esa luz misma. Todo Logos encarnado, toda manifestación de la inteligencia divina en la historia o en el alma humana, no hace sino recordarnos que la verdad se ofrece en formas múltiples sin dejar de ser una. Y que la tarea del pensamiento consiste en reunir lo que la ignorancia dispersa.

II. Una práctica reflexiva. El recorrido de estos tratados podría leerse como una pedagogía del Espíritu. Desde el primer texto, sobre el sabio y el necio, se trazó una distinción esencial: el sabio no es aquel que acumula conceptos, sino aquel que ejerce la razón práctica —la capacidad de obrar bien por el bien en sí mismo—, reflejando así el Espíritu del Logos habitado en la humanidad.

Si la verdad es prismática, el sabio es quien sabe mirar desde todos los ángulos sin perder el centro. Su humildad consiste en reconocer que cada rostro del Logos que se le revela es parcial; su grandeza, en no absolutizar ninguno. El sabio contempla la diversidad de tradiciones, ciencias y símbolos, y en lugar de contraponerlos, los integra como manifestaciones del mismo principio viviente.

En este sentido, la práctica filosófica se convierte en práctica espiritual. Reflexionar es participar del Logos; obrar con justicia es encarnarlo. La verdadera sabiduría no se mide por la precisión del discurso, sino por la capacidad de armonizar pensamiento, palabra y acción.

Por eso este sistema no concluye en una doctrina cerrada, sino en una invitación abierta: que cada lector se vuelva laboratorio viviente del Logos, que la reflexión se haga vida, y la vida, pensamiento. Solo así la humanidad podrá continuar la evolución del Espíritu hacia formas más luminosas de conciencia.

III. Notas finales sobre método y perspectiva. El método geométrico adoptado en varios de estos tratados no responde a un afán de rigidez, sino al deseo de mostrar que el orden racional puede ser también una vía de ascenso espiritual. La claridad del pensamiento no excluye la profundidad del misterio; al contrario, la prepara.

El método prismático —si se puede así llamarlo— propone una actitud distinta ante la verdad: ver en cada sistema una refracción, no una falsificación; en cada símbolo, un espejo del Absoluto; en cada diferencia, una oportunidad de comunión. Este método exige una mente rigurosa y un corazón contemplativo: pensar con precisión, pero también con reverencia.

A través de esta perspectiva, el conocimiento deja de ser dominio y se convierte en participación. Lo real no se conquista, se revela. Y esa revelación ocurre no en el laboratorio ni en el templo, sino en el alma que aprende a mirar. Porque mientras haya luz que pueda ser comprendida, habrá también conciencia dispuesta a habitarla.

BIBLIOGRAFÍA COMENTADA

Heráclito – *Fragmentos.* En él se origina la intuición de un orden universal en el devenir. El Logos aparece como fuego que regula el cambio: invisible, común y eterno. Su pensamiento inspira el núcleo de esta obra, pues enseña que la unidad no anula la tensión, sino que la sostiene en armonía.

Platón – *Diálogos (Fedro, Fedón, República).* Platón elevó el Logos a discurso verdadero, mediador entre lo sensible y lo inteligible. Su dialéctica enseña que conocer es ascender, y que toda palabra puede ser vehículo del alma hacia la Idea. En su filosofía se revela la estructura prismática del conocimiento: cada nivel de comprensión refleja una luz mayor.

Aristóteles – *Tópicos, Ética a Nicómaco.* De Aristóteles aprendí la disciplina conceptual y la precisión del juicio. Su método lógico muestra que el pensar recto es un acto ético. En su equilibrio entre forma y fin reside la sabiduría práctica del Logos encarnado en la vida racional.

Baruch Spinoza – *Ética demostrada según el orden geométrico.* La estructura de esta obra debe a Spinoza su método. En él comprendí que la claridad geométrica no destruye el misterio, sino que lo transparenta. Su visión de la unidad sustancial y del amor intelectual a Dios es una de las raíces más profundas de la noción de **verdad prismática**: una verdad que se revela por necesidad interior y cuya luz no se impone, sino que se comprende.

Immanuel Kant – *Crítica de la razón pura* y *Crítica de la razón práctica.* Kant me mostró los límites y la dignidad del entendimiento humano. Su razón pura encierra la estructura del prisma; su razón práctica, la dirección de su luz. En él, la moral se convierte en la manifestación del Logos en la voluntad, y la verdad se une a la libertad como dos rostros de la misma racionalidad espiritual.

G. W. F. Hegel – *Fenomenología del espíritu.* Hegel enseña que la verdad no es un dato sino un devenir: el Espíritu se conoce a sí mismo a través de la historia. En su dialéctica, cada contradicción es parte del movimiento hacia la unidad. De él aprendí que la luz del Logos no destruye la sombra, sino que la integra en su revelación progresiva.

Ernst Cassirer – *Filosofía de las formas simbólicas.* Cassirer me permitió comprender que el ser humano no vive en un mundo de cosas, sino de símbolos. Su pensamiento fundamenta mi tesis del **Logos prismático** como mediador simbólico: cada cultura, cada mito, cada ciencia son caras del mismo cristal que traduce la luz del espíritu a lenguaje humano.

Mircea Eliade – *Lo sagrado y lo profano*, *Mito y realidad.* Eliade mostró que el símbolo religioso no es superstición, sino ontología poética. Su lectura de los mitos universales reveló el modo en que la humanidad ha intuido siempre el Logos en los ritmos de la historia, la naturaleza y el sacrificio.

Friedrich Nietzsche – *Más allá del bien y del mal.* En Nietzsche descubrí la advertencia necesaria: el pensamiento que busca la verdad debe cuidarse del orgullo del yo. Su crítica a la moral de rebaño y su exigencia de autenticidad me recordaron que incluso la sabiduría puede corromperse si se olvida del amor a la verdad por sí misma.

Martin Heidegger – *Introducción a la metafísica, Kant y el problema de la metafísica.* Heidegger devolvió al Logos su hondura originaria: no solo palabra o razón, sino apertura del ser. Su lectura de los presocráticos enseña que pensar es dejar que el ser se diga, no forzarlo a hablar. Esta actitud de escucha ontológica inspira el tono contemplativo del presente tratado.

Viktor Frankl – *El hombre en busca de sentido.* Frankl me reveló el rostro ético y terapéutico del Logos: el sentido como necesidad espiritual y como salvación interior. En él comprendí que la verdad no es solo conocimiento, sino consuelo; que el Logos también habita en la esperanza del que sufre.

Simone Weil – *La gravedad y la gracia.* De Weil aprendí que la atención es la forma más pura de amor. Su pensamiento une el ascetismo intelectual con la apertura espiritual: el alma que se vacía de sí para dejar pasar la luz del Logos.

Teilhard de Chardin – *El fenómeno humano.* Teilhard inspiró la visión evolutiva de la unidad: el Logos no está solo en el origen, sino en el destino. Su idea de la convergencia espiritual de la conciencia resuena con la metáfora del prisma que retorna a su centro de luz.

Paul Ricoeur – *La simbólica del mal.* Ricoeur enseñó que el símbolo guarda lo que el concepto no puede decir. Su hermenéutica del mal y del sentido amplía el campo de la verdad prismática: incluso lo oscuro participa de la luz cuando se interpreta con profundidad.

Emmanuel Levinas – *Totalidad e infinito.* Levinas mostró que el otro es un rostro del infinito. Su ética de la alteridad ilumina la dimensión interpersonal de la verdad prismática:

comprender al otro es recibir una nueva cara del Logos.

Jacob Grinberg-Zylberbaum – *La teoría sintérgica.* Grinberg llevó la reflexión al ámbito de la conciencia unificada. Su visión de la interconexión neuronal y espiritual ofrece una base contemporánea a la idea del Logos como campo universal de información y sentido.

REFERENCIAS

Fuentes sagradas, míticas y antiguas:

1. Agustín de Hipona. (1996). *Confesiones* (M. Fuentes, Trad.). Alianza Editorial.
2. Anónimo. (1960). *La Biblia. Versión Reina-Valera*. Sociedades Bíblicas Unidas.
3. George, A. (Ed. & Trans.). (1999). *The Epic of Gilgamesh*. Penguin Classics.
4. Griffith, R. T. H. (Trans.). (1896). *The Rig Veda*. Motilal Banarsidass.
5. Matsya Purana. (1980). *Matsya Purana* (T. Ganapati Sastri, Ed.). Motilal Banarsidass.
6. Popol Vuh. (Tedlock, D., Trans.). (1996). *Popol Vuh: The Mayan Book of the Dawn of Life*. Touchstone.
7. Radin, P. (1923). *The Winnebago Tribe*. University of Nebraska Press.
8. Ryan, W., & Pitman, W. (1998). *Noah's Flood: The New Scientific Discoveries about the Event that Changed History*. Simon & Schuster.
9. Beckwith, M. (1940). *Hawaiian Mythology*. University of Hawai'i Press.
10. Harney, W. E. (1944). *Tales from the Aborigines*. Angus and Robertson.

Filosofía clásica y moderna:

11. Aristóteles. (2002). *Metafísica* (T. Calvo Martínez, Trad.). Gredos.
12. Aristóteles. (2003). *Ética a Nicómaco* (J. Pallí Bonet, Trad.). Gredos.
13. Descartes, R. (1996). *Meditaciones metafísicas* (G. Quintás, Trad.). Alianza Editorial.
14. Heráclito. (2000). *Fragmentos* (J. A. Crespo, Trad.). Gredos.
15. Kant, I. (1998). *Crítica de la razón pura* (P. Guyer & A. Wood, Eds. y Trads.). Cambridge University Press.
16. Kant, I. (2002). *Fundamentación de la metafísica de las costumbres* (M. Gregor, Trad.). Cambridge University Press.
17. Leibniz, G. W. (1989). *Monadología y otros escritos*. Tecnos.
18. Nietzsche, F. (2002). *Más allá del bien y del mal* (A. Sánchez Pascual, Trad.). Alianza Editorial.
19. Nietzsche, F. (2006). *Genealogía de la moral* (A. Sánchez Pascual, Trad.). Alianza Editorial.
20. Platón. (2000). *La República* (M. Araujo, Trad.). Gredos.
21. Platón. (2004). *Timeo* (J. L. Calvo Martínez, Trad.). Gredos.
22. Spinoza, B. (1996). *Ética demostrada según el orden geométrico* (E. Curley, Trad.). Hackett Publishing Company.
23. Hegel, G. W. F. (1977). *Phenomenology of Spirit* (A. V. Miller, Trans.). Oxford University Press.
24. Kierkegaard, S. (1983). *Fear and Trembling* (H. V. Hong & E. H. Hong, Eds. & Trans.). Princeton University Press.
25. Marx, K., & Engels, F. (1970). *La ideología alemana* (W. Roces, Trad.). Fondo de Cultura Económica.

Filosofía del símbolo, religión comparada y hermenéutica:

26. Cassirer, E. (1955). *Filosofía de las formas simbólicas* (3 vols.). Fondo de Cultura Económica.
27. Eliade, M. (1957). *Lo sagrado y lo profano* (L. Echávarri, Trad.). Taurus.
28. Eliade, M. (1963). *Mito y realidad* (J. L. Aranguren, Trad.). Alianza Editorial.
29. Campbell, J. (1988). *El poder del mito* (B. Moyers, Ed.). Doubleday.
30. Panikkar, R. (1978). *El diálogo intrarreligioso*. Ediciones Península.
31. Ricoeur, P. (1960). *La simbólica del mal*. Trotta.
32. Buber, M. (1958). *I and Thou* (R. G. Smith, Trans.). Charles Scribner's Sons.
33. Teilhard de Chardin, P. (1955). *El fenómeno humano*. Taurus.

Filosofía contemporánea, fenomenología y teoría del conocimiento:

34. Gadamer, H.-G. (1989). *Verdad y método* (M. Olasagasti, Trad.). Sígueme.
35. Habermas, J. (1989). *Teoría de la acción comunicativa* (M. Jiménez Redondo, Trad.). Taurus.
36. Simone Weil. (1999). *La gravedad y la gracia* (G. Cano, Trad.). Trotta.
37. Morin, E. (1990–2004). *El método* (Vols. 1–6). Paidós.
38. Jean-Luc Marion. (1991). *God Without Being*. University of Chicago Press.
39. Ortega y Gasset, J. (2001). *La rebelión de las masas*. Alianza Editorial.
40. Arendt, H. (1996). *Entre el pasado y el futuro*. Península.

Ciencia, matemáticas y filosofía de la ciencia:

41. Einstein, A. (1996). *Relatividad: La teoría especial y general* (M. Palacios, Trad.). Alianza Editorial.
42. Gödel, K. (1931). *Über formal unentscheidbare Sätze der Principia Mathematica und verwandter Systeme I*. Monatshefte für Mathematik und Physik, 38, 173–198.
43. Rovelli, C. (2018). *El orden del tiempo* (M. Salmerón, Trad.). Paidós.
44. Tarski, A. (1983). *The Concept of Truth in Formalized Languages*. Oxford University Press.
45. Russell, B., & Whitehead, A. N. (1910–1913). *Principia Mathematica* (3 vols.). Cambridge University Press.
46. Lobachevski, N. I. (1897). *Pangeometría*. Academia de Ciencias de Rusia.
47. Riemann, B. (1854). *Über die Hypothesen, welche der Geometrie zu Grunde liegen*. Gesammelte Mathematische Werke.

Psicología profunda y espiritualidad:

48. Jung, C. G. (1959). *The Archetypes and the Collective Unconscious* (R. F. C. Hull, Trans.). Princeton University Press.
49. Jung, C. G. (2002). *Símbolos de transformación* (L. López Ballesteros, Trad.). Paidós.
50. Neumann, E. (1955). *La gran madre*. Fondo de Cultura Económica.

51. Frankl, V. E. (2004). *El hombre en busca de sentido* (R. Avila, Trad.). Herder.
52. Grinberg-Zylberbaum, J. (1991). *La teoría sintérgica*. Ediciones Océano.
53. Bohm, D. (1980). *Wholeness and the Implicate Order*. Routledge.
54. Capra, F. (1975). *El Tao de la física*. Editorial Sirio.

Estudios cristológicos y patrísticos:

55. Rahner, K. (1975). *Escritos de teología* (Vols. 1–10). Herder.
56. Balthasar, H. U. von. (1983). *Teodramática* (Vols. 1–5). Encuentro.
57. Daniélou, J. (1958). *La teología del judeocristianismo*. Cristiandad.
58. Orígenes. (2002). *Contra Celso* (J. M. Pabón, Trad.). Gredos.
59. Atanasio de Alejandría. (1995). *Sobre la encarnación del Verbo*. Ciudad Nueva.

Filosofía práctica, moral y espiritualidad del Logos:

60. Agustín de Hipona. (1996). *La ciudad de Dios*. Alianza Editorial.
61. Marco Aurelio. (2002). *Meditaciones* (C. García Gual, Trad.). Alianza Editorial.
62. Pablo de Tarso. (60 d.C.). *Primera carta a los Corintios* (1 Corintios 12). En *La Biblia*.
63. Weil, S. (1999). *La gravedad y la gracia*. Trotta.

Complementarias (epistemología, lenguaje y complejidad):

64. Kuhn, T. S. (1962). *The Structure of Scientific Revolutions*. University of Chicago Press.
65. Ricoeur, P. (1983). *Tiempo y narración* (Vol. 1). Siglo XXI Editores.
66. Morin, E. (1999). *Introducción al pensamiento complejo*. Gedisa.

Made in the USA
Coppell, TX
24 February 2026

72253322R00073